O LIVRO DOS AMIGOS

O livro dos amigos
Buch der Freunde
Hugo von Hofmannsthal
© Editora Âyiné, 2021
Todos os direitos reservados

Tradução: Karina Jannini
Preparação: Laura Erber
Revisão: Giovani T. Kurz, Mariana Ribeiro de Souza
Projeto gráfico: Luísa Rabello
Produção gráfica: Clarice G Lacerda
ISBN 978-85-92649-99-9

Âyiné

Direção editorial: Pedro Fonseca
Coordenação editorial: Luísa Rabello
Coordenação de comunicação: Clara Dias
Assistente de comunicação: Ana Carolina Romero
Assistente de design: Lila Bittencourt
Conselho editorial: Simone Cristoforetti,
Zuane Fabbris, Lucas Mendes

Praça Carlos Chagas, 49 — 2º andar
30170-140 Belo Horizonte, MG
+55 31 3291-4164
www.ayine.com.br
info@ayine.com.br

O LIVRO DOS AMIGOS

Tradução de Karina Jannini

Âyiné

Hugo von
Hofmannsthal

Per R. C., per sempre *

* Esta é uma dedicatória da editora por ocasião
da publicação de seu centésimo livro.

O homem só reconhece no mundo aquilo que já existe em si mesmo, mas precisa do mundo para reconhecer o que nele existe; porém, para tanto, são necessários a ação e o sofrimento.

O amor e seu contrário, o ódio, são a verdadeira escola da vida, pois somente eles nos ensinam a lição a partir da relação com o outro.

A juventude, que é intuitiva, sabe que o mundo é repleto de forças; contudo, não lhe ocorre o papel que a fraqueza, em suas diferentes formas, desempenha no mundo.

Em todo ser humano reside uma inocência que lhe é peculiar.

Há uma diferença decisiva entre os homens capazes de comportar-se como espectadores em relação aos outros e os que sempre compartilham seu sofrimento, sua alegria e seus erros: esses são os únicos que vivem.

Não seríamos tão mais pobres quando estamos em máxima segurança, e tão mais ricos quando corremos o máximo perigo? Não seria uma questão de sempre buscar o risco? Não haveria um sopro de morte e putrefação em torno de todas as instituições às quais a vida é relegada em favor do mecanismo da vida, como nos órgãos e nas escolas públicas, no exercício seguro da função dos sacerdotes etc.?

Criança, o indivíduo participa das lembranças de seus avós; idoso, participa das esperanças de seus netos; abrange assim cinco gerações ou de cem a cento e vinte anos.

O indivíduo é tantas pessoas diferentes quantas vezes é discípulo.

A experiência deve ser julgada de duas maneiras diferentes: de acordo com o modo como exalta a autoconfiança e até que ponto a reprime.

Il n'y a rien qui rafraîchisse le sang comme d'avoir su éviter de faire une sottise.
Nada refresca o sangue como ter sabido evitar uma tolice.

<small>La Bruyère</small>

A maioria das pessoas não sente, acredita sentir; não acredita, acredita que acredita.

<small>Diderot, *Paradoxe sur le comédien* [Paradoxo sobre o comediante]</small>

O homem superior vive em paz com todos, sem agir como todos. O inferior age exatamente como todos e não sabe lidar com ninguém. É fácil servir ao superior, mas difícil satisfazê-lo. O inferior exige muito dos que lhe servem e se satisfaz com qualquer ninharia.

<small>Confúcio</small>

Je ne crains que ce que j'estime.
Temo apenas o que estimo.

<small>Stendhal no prefácio a *De l'Amour* [Do amor].</small>

É preciso acreditar em alguém no todo para verdadeiramente confiar nele no particular.

Uma inteligência mediana é como um cão de caça ruim, que encontra rapidamente a pista de um pensamento e com a mesma rapidez volta a perdê-la; uma inteligência extraordinária é como um cão que conduz a matilha e não se deixa desviar da pista até apanhar sua presa viva.

(Sganarello sobre uma difícil questão de medicina.)
Molière, *Le médecin malgré lui* [O médico à força]

Les uns disent que non, les autres disent que oui: et moi je dis que oui et non.
Uns dizem que não, outros dizem que sim: e eu digo que sim e não.

Há no ser humano tanta incompreensível indolência quanta atividade nociva na hora e no lugar errados. Estima-se como raridades os que sabem escutar com atenta tranquilidade; igualmente raro é o verdadeiro leitor; mais raro ainda é quem aceita a influência de seus semelhantes sem destruir incessantemente — para não dizer aniquilar — o efeito com sua inquietação, sua vaidade e seu egoísmo.

A juventude é tão forte quanto se imagina e, ao mesmo tempo, tão delicada e frágil quanto se comporta; isso é o que ela tem de ambíguo e demoníaco.

A aceitação é mais difícil que o entusiasmo.

Here lies a proof, that wit can never be
Defence enough against mortality.
Aqui jaz uma prova de que a presença de espírito nunca pode ser
Uma defesa suficiente contra a mortalidade.

<small>Lápide da poetisa Aphra Behn, amiga de Pope e Dryden, na Abadia de Westminster</small>

Os amigos não são muitos nem poucos, mas em número suficiente.

Pode-se chegar aos sessenta anos sem ter ideia do que é um caráter. Nada é mais obscuro do que as coisas que estamos sempre mencionando.

Hebbel diz em algum lugar que o homem transfere facilmente seu respeito pelo elemento em que uma pessoa se distingue à pessoa em si. Diz isso especialmente em referência a Adam Müller e Gentz, mas acaba revelando uma verdade universal.

O Argos de cem olhos era um homem sem ocupações, como atesta seu nome. Por conseguinte, não é nenhuma glória que um espectador possa julgar melhor algumas coisas do que aqueles que delas se ocupam; tampouco é uma vergonha para estes

<small>Hamann a seu irmão, 1760.</small>

últimos o fato de melhorarem sua destreza após observarem um mandrião.

Pouquíssimas são as pessoas que de fato quiseram alguma coisa, ainda que apenas por um instante em sua vida; igualmente raras são as que de fato amaram.

O processo de formação intelectual é mais bem-sucedido à medida que cada uma de suas fases assume o caráter de experiência.

Bismarck (na época, embaixador em Paris) fez com que Paul Lindau, que ele não conhecia, exprimisse sua admiração pela bem-sucedida tradução de «désarmer» pelo neologismo «abrüsten». Mais tarde, pela mesma razão, enviou-lhe as *Oeuvres de Fréderic le Grand* [Obras de Frederico, o Grande].

<small>Hesíodo</small> O oleiro odeia o oleiro; o construtor, o construtor; o mendigo evita o mendigo; e o cantor, o cantor.

O homem tem um pouco menos amigos do que imagina, mas um pouco mais do que conhece.

Se observarmos o curso do tempo, chegaremos à conclusão de que nada é impossível no campo das relações humanas: nenhuma transformação, nenhuma revogação, nenhuma autocontradição. O que mantém todos unidos, a condição humana comum, que pode encontrar-se em tudo, é de longe o que há de mais forte.

Não é o agente que é maculado pelo ato; apenas o ato é maculado pelo agente.

O sentido mais importante a ser desenvolvido nas crianças é a percepção de que o divino se manifesta diretamente perto de nós. Porém, muito do que fazemos e deixamos fazer visa a suprimir esse sentido pelo embotamento.

On ne s'imagine d'ordinaire Platon et Aristote qu'avec de grandes robes, comme des personnages toujours graves et sérieux. C'étaient d'honnêtes gens qui riaient comme les autres avec leurs amis; et quand ils ont fait leurs lois et leurs traités de politique, ç'a été en se jouant et pour se divertir. C'était la partie la moins sérieuse de leur vie. La plus philosophe était de vivre simplement et tranquillement.   Pascal

Costuma-se imaginar Platão e Aristóteles apenas em longas vestes, como personagens sempre circunspectos e sérios. Eram apenas pessoas de cultura, que riam como as outras na companhia de amigos; e quando criaram suas leis e seus tratados políticos, fizeram-no de modo lúdico e para se divertirem. Essa era a parte menos séria de sua vida. A mais filosófica era viver de maneira simples e tranquila.

<small>Goethe, *Dichtung und Wahrheit* [Poesia e verdade], livro XIII</small>

Toda satisfação na vida é fundada em um retorno regular das coisas externas. A alternância entre dia e noite, entre as estações do ano, as flores e os frutos e o que mais vier ao nosso encontro de uma época a outra, para que possamos e devamos apreciá-lo, eis o que de fato move a vida terrena. Quanto mais abertos estivermos a esses prazeres, mais felizes nos sentiremos.

Quem envelhece constata que o homem vive culpado ao longo de todas as circunstâncias e enredamentos da vida; no entanto, em todo homem também reside uma forma própria de inocência, e é ela que o mantém de pé; ele próprio não saberia dizer como.

O fato de conhecerem sua própria força é o que há de fascinante nos apaixonados.

Situações são simbólicas; a fraqueza dos homens de hoje é que eles as tratam analiticamente e, assim, dissipam o elemento mágico.

O que engrandece Aladim é seu desejo de que sua alma tenha a força de ansiar. E se nesse sentido eu tivesse de fazer alguma objeção a uma obra-prima, seria a de que não aparece com suficiente intensidade e clareza o fato de Aladim ser uma individualidade justificada; de que desejar e poder desejar, desejar com impertinência, aproveitar uma oportunidade com determinação e ter um anseio insaciável fazem parte de uma genialidade tão grande quanto qualquer outra. Pode-se até não acreditar nisso; no entanto, em toda geração talvez não nasçam dez jovens munidos dessa coragem cega, dessa força para agarrar o infinito.

Kierkegaard

Como amante e como político, Mirabeau é um espetáculo magnífico e arrebatador, e não seria um sem o outro.

As circunstâncias têm menos poder de nos tornar felizes ou infelizes do que se pensa; mas a antecipação de futuras circunstâncias pela imaginação tem um poder imenso de fazê-lo.

Balzac *Il n'y a rien de violent à Paris comme ce qui doit être éphémère.*
Não há nada de tão violento em Paris quanto o que só pode ser efêmero.

É muito difícil combater velhos hábitos porque neles a indolência, que normalmente se opõe a toda ação, alia-se a certo senso rítmico de atividade.

Somos tão obcecados por possuir e ficamos tão felizes com qualquer sinal de fidelidade que chegamos a sentir algo parecido com o prazer no retorno regular de uma febre.

Quanto mais um ser humano se aproxima de outro, menos é capaz de achá-lo coerente em suas ações e consistente em seu interior — a menos que o veja com os olhos do amor; e o outro o recompensa por isso. Na realidade, não há consistência em lugar nenhum, a não ser no âmbito da produtividade.

Só posso trazer a parte superficial das pessoas para o meu lado; seu coração só é obtido com seu prazer sensorial — disso estou tão convencido quanto do fato de que estou vivo.

Lichtenberg, *Beobachtungen über den Menschen* [Observações sobre o homem]

Um homem que morre aos 35 anos é um homem que, em cada momento de sua vida, morre aos 35 anos. Isso é o que Goethe denominava enteléquia.

Moritz Heimann

Ninguém conhecerá a si mesmo enquanto for apenas si mesmo e não outro ao mesmo tempo.

Friedrich Schlegel sobre Lessing

Diante de outros, os homens são sempre apenas cômicos; o trágico surge quando o destino do indivíduo, do solitário, intervém e se esconde atrás dos antagonistas.

Quão irrefletido se é perante o que afeta outras pessoas! Por exemplo, o destino de um grande cantor que perde a voz na juventude é de uma dureza inimaginável. Ele possuía algo que o elevava acima de todos e, ao mesmo tempo, tornava-o agradável a todos. Perde-a de uma vez, e o que resta é um invólucro vazio que talvez continue a perambular pela terra por mais trinta ou quarenta anos.

Os homens costumam ser escravos de seu arbítrio, inclusive em si mesmos; porém, é surpreendente que raras vezes saibam impor sua vontade.

As histórias de doentes registradas por Janet evidenciam que a força da fé diminui à medida que decresce a força de vontade. — Nisso reside a raiz da existência superior.

Vauvenargues

C'est un malheur, que les hommes ne puissent d'ordinaire posséder aucun talent sans avoir quelque envie d'abaisser les autres. S'ils ont la finesse, ils décrient la force; s'ils sont géomètres ou physiciens, ils écrivent contre la poésie et l'éloquence; et les gens du monde qui ne pensent pas que ceux qui ont excellé dans quelque genre jugent mal d'un autre talent, se laissent prévenir par leurs décisions. Ainsi quand la métaphysique ou l'algèbre est à la mode, ce sont des métaphysiciens et des algébristes qui font la réputation des poètes et des musiciens; ou tout au contraire; l'esprit dominant assujettit les autres à son tribunal et la plupart du temps à ses erreurs.

É uma infelicidade que normalmente os homens não possam ter um talento sem sentir alguma vontade de rebaixar os outros. Se têm alguma delicadeza, depreciam a força; se são geômetras ou físicos, escrevem contra a poesia e a eloquência; e as pessoas da alta sociedade que não pensam que os que se destacaram em certo campo depreciam outro talento deixam-se influenciar por suas decisões. Desse modo, quando a metafísica ou a álgebra está na moda, são os metafísicos e os algebristas que fazem a reputação dos poetas e dos músicos, ou o contrário; o espírito dominante submete os outros a seu tribunal e, na maior parte do tempo, a seus equívocos.

Certa vaidade transcendente e mais refinada é um elemento sem o qual não poderíamos viver. Como um espelho curvo, ela nos pinta um universo do qual somos o centro que lhe dá vida; sem ela, temos a impressão de nos precipitar na escuridão, na ausência de mundo.

I had none but divines to call upon me, to whom I said, if my ambition could have entered into their narrow hearts, they would not have been so humble; or if my delights had been once tasted by them, they would not have been so precise.
Apenas clérigos vinham até mim, e eu lhes dizia que, se minha ambição pudesse entrar em seus

De uma carta do conde de Essex, escrita pouco antes de sua execução corações mesquinhos, eles não teriam sido tão humildes; ou, se por uma vez pudessem experimentar meus deleites, não teriam sido tão minuciosos.

La Bruyère

C'est la profonde ignorance qui inspire le ton dogmatique.
É a profunda ignorância que inspira o tom dogmático.

Goethe

Muitos ainda se equivocam sobre ele (Wieland) porque imaginam que o homem com múltiplas capacidades deveria ser indiferente, e o homem ágil, inconstante. Não consideram que o caráter diga respeito exclusivamente ao aspecto prático. O homem só dá sinal de caráter naquilo que faz, naquilo que continua a fazer e naquilo em que persevera, e nesse sentido não há outro tão firme nem tão constante quanto Wieland.

A medida da decência está na realidade.

Lichtenberg

No caráter de todo homem reside algo inquebrantável — a ossatura do caráter; e querer mudá-la é sempre como tentar ensinar uma ovelha a buscar alguma coisa, como se fosse um cão.

«Aceitar alguém» e «acreditar em alguém» são conceitos de esferas distintas.

Sem amor-próprio não há vida possível, nem mesmo a mais leve decisão, apenas desespero e imobilidade.

Napoleão, durante a Batalha de Ligny, a dois jovens oficiais do estado-maior que riam e conversavam atrás dele: «Soyez donc plus sérieux devant tant de braves gens qui s'égorgent».[*]

Toda geração teria razões pertinentes para reverenciar a anterior; no entanto, não faz parte da economia da vida que essas razões penetrem na consciência de cada indivíduo da geração posterior, menos ainda em sua totalidade.

Tempus divitiae meae, tempus ager meus.
O tempo é minha riqueza, o tempo é o campo que cultivo.

Goethe, em uma carta a Fritz von Stein

---

[*] Demonstrem mais seriedade diante de tantos homens de coragem que se degolam uns aos outros. [Todas as notas presentes nesta edição são da tradutora].

Há tantos tipos de homens de vinte ou de cinquenta anos quantos são os tipos de amigos, amantes ou pais.

<small>La Bruyère</small>

Le suffisant est celui en qui la pratique de certains détails que l'on honore du nom d'affaires se trouve jointe à une très grande médiocrité d'esprit.
O presunçoso é aquele em quem a prática de certos detalhes a que se atribui o honroso nome de negócios se encontra unida a uma enorme mediocridade intelectual.

As inspirações do egoísmo não são traduzíveis para dentro nem para fora. São códigos para os quais não há chave universal.

Uma certa dose de orgulho é um ingrediente útil do gênio.

<small>Lichtenberg (segundo Plínio)</small>

Menógenes, cozinheiro de Pompeu Magno, parecia-se com o próprio Pompeu Magno.

<small>Goethe a Eckermann</small>

Com a glória ocorre algo peculiar. Um pedaço de madeira arde porque contém matéria para tanto, e um homem torna-se célebre porque também ele contém matéria para tanto. A glória não pode ser buscada, e toda perseguição a ela é vã. Alguém pode até adquirir certo renome graças a um comportamento astucioso e a toda sorte de recursos artificiais. Porém, se lhe faltar a joia interna, esse renome será vão e não chegará ao dia seguinte. O mesmo ocorre com o favor do povo. Ele — Carl August — não o buscou nem tentou agradar as pessoas; mas o povo o amava, pois sentia que era amado por ele.

Libertas est: qui pectus purum et firmum gestitat. Ênio
Isto é liberdade: ter o coração puro e firme.

O elemento fundamental da dignidade? A ingenuidade. Quem se impõe sem dignidade é um tanto assustador. Napoleão estava certo ao dizer: «Il n'y a qu'un pas du sublime au ridicule»;* no entanto, isso vale apenas para ele. Sua sublimidade era de tal natureza que sempre esteve próxima da queda.

As mulheres têm um órgão delicado para absorver a glória com pureza, como um aroma do céu.

---

* Há apenas um passo entre o sublime e o ridículo.

<small>Madame de Grignan a Madame de Sévigné</small>

Je trouve plus poli d'admirer que de louer.
Acho mais educado admirar do que elogiar.

São coisas diferentes ter de fato uma atitude, seja ela qual for, e pretender tê-la perante os outros ou até perante si mesmo.

É perfeitamente concebível um homem nobre e magnânimo que acredita não ser obrigado a uma atitude nobre e reprime sua generosidade, tudo por senso de dever.

<small>Citação de Möser em *Patriotische Phantasien* [Fantasias patrióticas]</small>

Qui nulli gravis exstiteram, dum vita manebat,
Hac functo aeternam sit mihi terra levis.
Eu que não fui um fardo para ninguém enquanto vivi,
Que a terra me seja eternamente leve depois de morto.

Uma espécie de reconhecimento contínuo e indireto é um ingrediente que nunca deve faltar nas relações sociais; o reconhecimento direto é mais difícil de suportar: quem nos demonstra diretamente seu reconhecimento dá a entender que se coloca no mesmo patamar que nós ou, pelo menos, que tem condições de avaliar a nós e nosso mérito.

He (Captain Blifil) began to treat the opinions of his wife with that haughtiness and insolence, which none but those who deserve some contempt themselves can bestow and those only, who deserve no contempt can bear.

H. Fielding

Ele (capitão Blifil) começou a tratar as opiniões de sua esposa com a arrogância e a insolência que apenas aqueles que merecem eles próprios certo desprezo podem dispensar e apenas aqueles que não merecem nenhum desprezo conseguem suportar.

Existe apenas uma ínfima e aparente diferença entre a glória fugaz e insignificante, conquistada por um ator, e a «glória permanente», conquistada por um poeta.

Julgamento de uma mulher idosa do povo sobre Lessing: «Ne, smoket het he neg, wän he mac süs wat dogt harre!» (Não, ele não fumava; se pelo menos tivesse servido para alguma coisa além disso!)

Carl Julius Weber, *Briefe eines in Deutschland reisenden Deutschen* [Cartas de um alemão em viagem pela Alemanha]

Reconhecer uma autoridade acima de si mesmo é sinal de humanidade superior.

La Bruyère *Un homme partial est exposé à de petites mortifications; car comme il est également impossible que ceux qu'il favorise vivent toujours heureux ou sages et ceux contre qui il se déclare soient toujours en faute ou malheureux, il nait de là qu'il lui arrive souvent de perdre contenance dans le public, ou par le mauvais succès de ses amis, ou par une nouvelle gloire qu'acquièrent ceux qu'il n'aime point.*

Um homem parcial está exposto a pequenas mortificações; pois, assim como é igualmente impossível que seus favorecidos vivam sempre felizes ou com sabedoria e aqueles contra os quais ele se declara estejam sempre errados ou sejam infelizes, com frequência acontece de ele ficar constrangido em público, seja pelo fracasso de seus amigos, seja por uma nova glória adquirida por aqueles que ele não admira em absoluto.

As transgressões do egoísmo se dão menos pelas ações do que pela falta de compreensão.

No que se refere ao conceito «experiência», há duas espécies desagradáveis de pessoas: as que carecem de experiência e as que se vangloriam demasiadamente dela.

Crianças precoces e velhos imaturos não faltam em certas situações mundanas.

É uma arte desagradável, mas necessária, manter friamente à distância os homens vulgares. «Apenas o frio impede a sujeira de manchar teus pés», diz um provérbio árabe.

Não é suficiente dizer apenas coisas verdadeiras; também é necessário não dizer todas as coisas que são verdadeiras, pois só devemos revelar aquelas que têm alguma utilidade, e não as que só feririam sem render algum fruto. Portanto, se a primeira regra é «falar com verdade», a segunda é «falar com discrição». Pascal

Engana-se quem toma o social como algo diferente do simbólico.

Pela roupa, as mulheres revelam muito do que normalmente mantêm em segredo; nela, nunca o menor detalhe é acrescido ou deixado de lado sem reflexão, nem mesmo quando se trata da servente mais pobre. Muitos apaixonados novatos, que não sabem qual a sua situação, deveriam partir dessa constatação para descobrir muitas coisas.

A vaidade está tanto no ponto de partida como na meta que se pretende alcançar.

Nas questões espirituais, os jovens costumam usar uma peruca, mas feita com os próprios cabelos.

Valmont: Voilà bien les hommes! Tous également scélérats dans leurs projets, ce qu'ils mettent de faiblesse dans l'exécution, ils l'appellent probité.
Valmont: Assim são os homens! Todos igualmente celerados em seus projetos; o que colocam de fraqueza na execução chamam de probidade.

O terrível na culpa é o fato de ela imputar ao medo — o maior mal da terra — uma enorme legitimidade.

Goethe, *Reise in die Schweiz* [Viagem à Suíça], 1797

Embora do ponto de vista empírico quase toda particularidade me cause uma sensação desagradável, o conjunto tem um efeito benéfico quando finalmente se adquire a consciência da própria circunspecção.

Cézanne em uma conversa

Zola n'était pas um méchant homme, mais il vivait sous l'influence des évènements.
Zola não era um homem mau, mas vivia sob a influência dos acontecimentos.

Na raiz de toda obliquidade reside um ódio parcial por si mesmo.

Há muitos tipos de amor; o mais conhecido não é o mais agradável. — Rudolf Pannwitz

A alegoria é um grande veículo que não deve ser desprezado. É mais fácil explicar o que os amigos realmente são um para o outro com a troca de um anel e de um chifre mágicos do que com a psicologia.

No dia do seu matrimônio, o açougueiro da Cassóvia sente-se tão alegre e feliz que — antes de ir ao encontro de sua esposa — manda trazer o boi mais forte e o abate com profissionalismo para dar livre curso a seus sentimentos.

Pode conhecer o valor do homem quem não sofreu calor e frio no mundo? — Do *Espelho turco*, de Kjatibi Rumi

Allez en avant et la foi vous viendra.
Segui em frente, e a fé vos alcançará. — D'Alembert

Alguém pode ter cabelos longos sem sofrer nenhuma consequência; mas Absalão sempre morrerá por causa de seus cabelos.

Napoleão   A desgraça que te acomete num determinado instante vem de uma hora que perdeste.

Goethe   Se considerarmos que os reflexos morais repetidos não apenas mantêm vivo o passado, mas até o elevam a uma vida superior...

A realidade é a *fable convenue* dos filisteus.

Há algo em nós que está acima e atrás de qualquer idade e brinca com todas elas.

Shakespeare, *Epitáfio de uma mulher*

«She who is dead and sleepeth in this tomb
Had Rachel's comely face and Leah's fruitful womb
Sarah's obedience, Lydia's open heart
And Martha's care and Mary's better part.»
«A que jaz e dorme neste túmulo
Tinha o rosto agradável de Rachel e o ventre fértil de Leah,
A obediência de Sarah, o coração aberto de Lydia,
E o desvelo de Martha, e a melhor parte de Mary.»

No início da vida, experimenta-se o máximo de subjetividade e o mínimo de compreensão da subjetividade alheia.

Quem por sua parte extrai da convenção uma relação moral universalmente reconhecida e a nega, mesmo sem exprimir essa negação, produz um redemoinho no qual ele e o que dele se aproximar serão tragados.

Graças a seu senso de medida e a seu pendor para a imoderação, as mulheres são francesas natas.

Apenas um homem de meia-idade pode proferir com dignidade palavras lisonjeiras.

Um modo de nos educarmos é desafiar um homem que consideramos uma autoridade a exprimir sua opinião a respeito de um tema sobre o qual sabemos que ele julga diferentemente de nós.

Toda nova amizade produz desagregação e uma nova integração.

Nada satisfaz mais nossa vaidade do que, ao falar de alguém a quem devemos grande estima, afirmar com convicção que ele não entende desta ou daquela questão.

Onde se enraízam a estupidez dos inteligentes e a falta de tato dos refinados? Em uma vontade incontrolável de imitar.

Os esnobes leem as histórias dos salões do *Ancien Régime* como as crianças leem os contos de fadas: com os cinco sentidos.

Ao lidarem com as situações corriqueiras e mais delicadas da vida, que se referem propriamente à vida social, os alemães sempre oscilam entre a negligência e a afetação.

Quem no trato com os homens observa as boas maneiras vive dos juros; quem as desconsidera ataca seu próprio capital.

Beaumarchais Ao ser empurrado várias vezes por um homem idoso na escadaria da ópera, um jovem lhe dá um forte tapa. «O que dirá, meu senhor», exclama o velho, «quando souber que sou cego?»

A vergonha que nos impede de falar com alguém sobre nossas relações mais íntimas é um alerta de nosso próprio ânimo; em toda confissão, em toda descrição se introduz facilmente a distorção, e em um piscar de olhos as coisas mais delicadas e inefáveis se transformam em vulgaridade.

A atenção e o amor se condicionam mutuamente.

É uma ficção falar de uma aristocracia europeia de modo geral. De fato, um conde austríaco, um *Junker* prussiano, um príncipe romano, um nobre polonês, um lorde e um patrício de Berna são figuras extremamente diferentes. Porém, como postulado, pode-se e deve-se muito bem falar em uma aristocracia europeia.

Um jovem jônio aparece em Atenas vestindo uma túnica púrpura orlada em ouro. Perguntam-lhe qual sua pátria, e ele responde: «Sou rico». *Ateneu*

A força da boa educação patrícia está em declinar.

Anedota: a bela viúva rica e três pretendentes. Em uma noite fria, quando os três senhores se preparam para partir de trenó após um jantar na

casa dela, a pergunta: *Has Lord Peto got his coat?**
E, assim, ela revela seu predileto.

A música clássica do amor é em sustenido; a romântica, em bemol.

O amor moderno é uma melodia fraca com uma grande orquestração.

Nas formas superiores da relação humana, inclusive no casamento, nada deveria ser tomado como definitivo, nem mesmo como dado; ao contrário, tudo é a dádiva de cada momento, que abarca todo um universo.

A volúpia ama os meios, não o fim.

As regras da decência, quando bem compreendidas, são indicadores também no campo espiritual.

Quando desejam ser corteses e amigáveis na conversa, mas nem o «tu» nem o «senhor» lhes parecem adequados, os camponeses austríacos

---

* Lorde Peto pegou seu casaco?

recorrem ao «nós». Assim meu avô ainda se dirigia a mim em minha infância.

De toutes les passions, celle qui est la plus inconnue à nous mêmes, c'est la paresse: elle est la plus ardente et la plus maligne de toutes, quoique sa violence soit insensible.   La Rochefoucauld
Dentre todas as paixões, a que menos conhecemos é a indolência: essa é a mais ardente e a mais maligna de todas, embora sua violência seja insensível.

Não há na terra duas pessoas que não possam tornar-se inimigas mortais em razão de uma indiscrição diabolicamente inventada.

O consolador facilmente se vangloria.

O problema da vida em família reside no fato de que pessoas de diferentes caracteres e idades devem ter seu direito razoavelmente garantido mediante um modo de vida comum.

Pessoas amadas são esboços de possíveis quadros.

Não há nada mais raro no mundo do que o querer; e, no entanto, a escassa medida de querer concedida aos homens é suficiente para distorcer todos os seus julgamentos.

Molière *Tous les vices à la mode passent pour vertus.*
Todos os vícios em voga passam por virtudes.

O social só pode e deve ser tomado como alegoria. Nesse sentido, toda a vida social da época moderna (a partir de Lessing e Sevigné) pode ser resumida como uma grande mitologia.

Há tantas pessoas intelectuais quantos são os encontros.

Desistir da mulher amada é prova de imaginação extenuada.

Toda nova amizade importante nos decompõe e recompõe. Se for da máxima importância, então passamos por uma regeneração.

Depois de terem passado vários dias na companhia de Platão, em atmosfera familiar em Atenas, alguns estrangeiros pedem a ele para serem conduzidos a seu homônimo, o célebre filósofo.

Les plus grandes choses n'ont besoin que d'être dites simplement, elles se gâtent par l'emphase; il faut dire noblement les plus petites: elles ne se soutiennent que par l'expression, le ton et la manière. La Bruyère
As coisas mais importantes só precisam ser ditas com simplicidade; a ênfase as deteriora. Há que se dizer com nobreza as menores, que só se sustentam pela expressão, pelo tom e pela maneira.

As crianças são divertidas justamente porque se divertem com facilidade.

Há nos homens superiores uma languidez fecunda e outra infecunda, e uma passa para a outra, aparentemente sem fronteiras claras entre si, em uma região que escapa à visão.

O que o amor exige reciprocamente é força plástica. Por isso, há no amor como na arte muitos esboços fracassados, sem a força suficiente para a realização.

Wladimir Ghika

Ce qu'on fait simplement, est simple à faire.
O que se faz com simplicidade é simples de fazer.

O canto é maravilhoso por ser o domínio do que normalmente é o puro órgão do egoísmo: a voz humana.

Em determinadas circunstâncias, uma mulher tolera que um homem a entretenha falando de seu amor por outra, mas toda a ênfase deve residir no amor, e não no objeto do amor.

Quem anseia pela primavera não deve olhar para a nogueira.

Sempre haverá Philines e Manon Lescauts em todas as situações da vida, mas as Aspásias são bastante raras; à sua forte natureza feminina, há que se acrescentar uma espiritualidade especial, que nunca aja por conta própria nem se afaste do jogo da atração sensual, mas entrelace o mundo inteiro nesse jogo.

Degas, ao lhe perguntarem: «Pourquoi est-ce que vous faites les femmes si laides, monsieur Degas?» — «Les femmes sont très laides, madame.»*

God formed her so, that to her husband she   Sir Thomas Overbury, *Epitáfio de uma esposa*
As Eve should all the world of women be.
Deus a criou de modo que, ela fosse para seu marido o que Eva havia sido: todas as mulheres do mundo.

Os homens de nossa época confusa experimentam sua realidade em vivências intermediárias, mal-entendidos inexplicados, distrações produtivas.

Quem se vê como reconhecido começa a amar ou odiar.   Rudolf Pannwitz

O sentido do matrimônio é a mútua dissolução e a palingenesia. Por isso, o verdadeiro matrimônio só pode ser dissolvido pela morte; na verdade, nem mesmo por ela.

Concordância sem simpatia gera uma relação repugnante.

---

* Por que o senhor faz as mulheres tão feias, senhor Degas?
  — As mulheres são muito feias, senhora.

Na vida em família, há que se tratar sempre com leveza as relações mais importantes para desanuviar continuamente a atmosfera.

As boas maneiras repousam em um duplo fundamento: demonstrar toda a atenção pelo outro e não se impor.

Quem quiser perseguir o amor com mais intensidade do que é capaz de senti-lo colocará no mundo o defeito que traz em si e sempre se lamentará da falta de oportunidade.

Os de alma defeituosa se reconhecem e se farejam mutuamente.

Ao se mencionar diante do mestre de capela Schwanenberg, amigo de Salieri, o rumor de que Mozart teria sido envenenado pelos italianos, S. respondeu: «Non ha fato nulla per meritar tal onore.»[*]

Pascal   *Les hommes sont si nécessairement fous, que ce serait être fou par un autre tour de folie, que de ne pas être fou.*

---

[*] Nada fez para merecer tal honra.

Os homens são tão necessariamente loucos que não ser louco seria sofrer de outro tipo de loucura.

Amor-próprio e ódio próprio são as mais profundas dentre as forças terrenas produtivas.

Na pequena carroça que o conduz à guilhotina, André Chénier bate a mão na testa: «Il y avait pourtant quelque chose là dedans.»[*]

Marquês de P., ao ser indagado na época da Restauração sobre o que havia feito durante a Revolução: «J'ai vécu, monsieur, c'est bien assez.»[**]

Amizade e amor são um *ébauche* [esboço] do matrimônio, a primeira por seu lado espiritual, o segundo pelo lado místico.

Existem em nós qualidades que a nós mesmos nunca parecem o resultado de um esforço e que não sentimos na reação do mundo; no entanto, são as mais valiosas, e conscientizar-se delas aceleraria

---

[*] No entanto, havia alguma coisa aqui dentro.
[**] Vivi, senhor, já é bastante.

nossa circulação sanguínea: captar esses raios e devolvê-los é a tarefa mais delicada da amizade.

Vista de dentro, a idade do homem é eterna juventude.

Ao acolherem e darem ideias, os homens se comunicam como nos beijos e abraços; quem acata uma ideia não recebe alguma coisa, mas alguém.

Sobre a lembrança de um amigo morto na plenitude de suas forças, a alma pende como sobre uma queda d'água, precipita-se repetidas vezes com a massa viva, vê-a atomizar-se e transformar-se em vapor para novamente subir ao topo e precipitar-se outra vez.

Há um silêncio de outono até dentro das cores.

<small>Rudolf Kassner, *Zahl und Gesicht* [Número e rosto]</small>

Seria a solidão um valor no mundo da individualidade? Em si mesma, não, somente em meio aos homens.

Ce que j'aime le mieux au monde, les feuillages, n'existent plus et je souffre de tout mon cœur au milieu de ces paysages de pierre.

O que mais amo no mundo — as folhagens — não existe mais, e sofro profundamente em meio a essas paisagens de pedra.

Charles Louis Philippe

A música une, os costumes separam. Da união surge a amizade entre os homens; da separação, o respeito mútuo. Quando a música alcança uma grande importância, há informalidade. Quando os costumes predominam em demasia, surge o estranhamento.

Do livro *Jo-Ki* (o livro sobre a música)

O poeta nunca está inteiramente absorto em seu tema. O especialista, sempre.

Addison

A alegria requer mais dedicação, mais coragem do que a dor. Entregar-se à alegria significa desafiar a escuridão desconhecida exatamente na mesma proporção.

Anedota: um homem que teve uma juventude muito sombria (creio que Alphonse Karr). Durante um jantar com amigos, diz sua amante: «Voyez comme ce sourire embellit Alphonse; comme il est jeune, ce sourire.» — «C'est qu'il a si peu servi»,* diz ele.

No rosto das crianças há um detalhe que só é percebido pelos olhos do pai ou da mãe.

W. J. Landor Para aquele que reflete, a morte em si não é nada tão sério como o matrimônio.

É necessário ter fé e, portanto, genialidade, para compreender o amor ofertado.

O presente é o lado absolutamente doloroso da existência — mas apenas provisório.

A alma nunca está totalmente em plena forma, a não ser no êxtase.

No comportamento mais extraordinário e solitário e na situação mais miserável e secreta, cada um tem milhares de companheiros, de cuja existência nem desconfia.

---

* Vejam como esse sorriso embeleza Alphonse; como é jovem esse sorriso! — É porque ele foi muito pouco utilizado.

J'aime toutes les choses, mais j'aime surtout ce qui souffre. D'une belle jeune fille et de sa grand'mère je préfère la grand'mère parce qu'elle est vieille, qu'elle souffre et qu'elle va bientôt mourir. Je préfère la grand'mère parce que comme je te le disais, mon coeur s'est habitué à vivre dans une haute atmosphère où il y a surtout de la bonté. Il y a eu tout l'été dernier, une aïeule qui installait sa chaise en face de mon bureau en haut des marches de la rue François Miron, elle chauffait son pauvre sang froid et son visage et ses cheveux blancs. Une fois sa petite fille est venue près d'elle, jouer, l'amuser, l'agacer. Oh mon ami, il fallait voir les gestes de défense de la vieille. Elle ne riait pas, elle se défendait de ce mouvement avec un recul de son corps et de ses membres et une crispation de son visage. C'était pitoyable. Mon coeur en saignait de tristesse, de bonté et de bonheur.

Charles Louis Philippe

Gosto de todas as coisas, mas sobretudo daquilo que sofre. Entre uma bela moça e sua avó, prefiro a avó, pois ela é velha, sofre e morrerá em breve. Prefiro a avó porque, como eu te dizia, meu coração habituou-se a viver em uma atmosfera elevada, em que prevalece a bondade. Durante todo o verão passado, havia uma avó que colocava sua cadeira diante do meu escritório, no topo da escada da rua

François Miron, para aquecer seu pobre sangue frio, seu rosto e seus cabelos brancos. Uma vez sua neta aproximou-se dela para brincar, diverti--la, importuná-la. Ah, meu amigo, precisavas ver os gestos de defesa da velha! Ela não ria, defendia-se desse movimento recuando o corpo e os membros e crispando o rosto. Era de dar pena. Meu coração sangrava de tristeza, de bondade e de felicidade.

Quando um homem se vai, leva consigo um segredo: como a ele, justamente a ele, foi possível viver em sentido espiritual.

Onde encontrar a ti mesmo? Sempre no encantamento mais profundo que sofreste.

Em seus delírios no leito de morte, Georg Büchner tinha, a intervalos, visões revolucionárias e, entre uma e outra, fazia-se ouvir com voz solene: «Não temos muitas, temos poucas, pois pela dor chegamos a Deus. Somos morte, poeira e cinzas — como podemos nos lamentar?»

Deus disse: «Quem faz o bem, recompenso dez vezes e mais; quem faz o mal terá minha vingança se eu não o perdoar; e quem quiser aproximar-se um palmo de mim, irei doze braços a seu encontro; quem der um passo até mim, a ele irei correndo; e quem aparecer diante de mim repleto de pecados, mas com fé, a ele aparecerei, pronto para perdoá-lo.»

Deus disse: «Eu era um tesouro que ninguém conhecia e quis ser conhecido. Então criei o homem.»

Uma hora de contemplação é melhor do que um ano de devoção.

Aspirar ao conhecimento é um mandamento divino para todo fiel; porém, quem transmite o conhecimento a pessoas indignas, pendura pérolas, pedras preciosas e ouro no pescoço de porcos.

Maomé

Todo fenômeno espiritual realmente grande é sobre-humano e torna todo o restante supérfluo para quem a ele se entrega, até o fim dos tempos; essa é a raiz das religiões reveladas por meio de um indivíduo e de sua pretensão à ortodoxia.

Os que se sentem pouco coerentes falam em ater-se às ideias. No entanto, as ideias não são algo ao qual uma pessoa possa ater-se; são um além que se revela a nós nos momentos mais sublimes e tornam a desaparecer.

O homem é repleto de intenções; não as conhece, mas são elas as molas secretas de sua ação.

Mítica é toda invenção da qual participas como ser vivo. No campo mítico, tudo é carregado de um duplo sentido, que é seu contrário: morte = vida, luta de serpentes = abraço de amor. Por isso, no mítico, tudo está em equilíbrio.

Jakob Wassermann

[...] como poeta, a paisagem interna, que a alma traz consigo para o mundo desde seu estado pré-natal, que determina a essência e as cores do sonho, do sonho em seu sentido mais amplo, como de resto as trilhas secretas e inconscientes do espírito, que são seu clima, sua verdadeira pátria. Há que se entender a paisagem interna não apenas como uma concepção fantástica de mar e montanhas, gruta, parque, floresta, o ideal paradisíaco do desejo maduro, a fuga e o refúgio de toda insatisfação com o presente; essa paisagem interna é, antes, o próprio cristal da verdadeira vida, o lugar onde se ditam suas leis e se produz o seu destino real, do qual aquilo que ocorre na chamada realidade talvez seja um mero reflexo.

Por fim, o interior de um homem torna-se um labirinto lavrado em dura rocha, do qual apenas ele acredita conhecer a saída — mas apenas acredita.

Não se pode exigir que alguém conheça tudo, mas que, tendo conhecimento de alguma coisa, tenha conhecimento de tudo.

O espírito busca o real, seu contrário se atém ao irreal.

O mundo está ordenado de maneira tão divina que cada um, em sua posição, em seu lugar e em seu tempo, equilibra todo o restante.

Goethe

No presente que nos circunda, não há menos ficção do que no passado, cujo reflexo chamamos de história. Somente ao interpretarmos uma ficção por meio de outra surge algo que merece o esforço.

Em longo prazo, somente o bem é digno de consideração.

Immermann

Seria difícil dizer o que é uma coisa, mas se pode dizer que os homens concordam a esse respeito e não limitam o conceito ao que é tangível.

<small>Lichtenberg</small> Não se deve encher a cabeça, e sim fortalecê-la.

Sempre surpreendente, a realidade intervém quando a necessidade racional não é suficiente para justificar o acontecimento.

A única identidade que resiste a um olhar penetrante é a do oposto.

<small>Moritz Heimann</small> O místico coloca a entrega acima de tudo, pouco importa se do bem ou do mal; mas o mal não tem a força da aceitação, que apenas o bem possui.

<small>Theodor Däubler</small> A meticulosidade do mundo rejeita as medidas nas quais se trai a inclinação à materialidade...

Pensar que todos os céus e infernos de todas as religiões são construídos a partir do interior humano: tudo depende da força da projeção para fora.

A águia não consegue alçar voo da terra plana; precisa saltitar com esforço até uma rocha ou tronco de árvore: porém, dali se lança até as estrelas.

No campo da imaginação, o desconhecido é onipotente. — Napoleão

O planejamento e a unidade encontram-se não na história universal, como quer a filosofia acadêmica, mas na vida do indivíduo. — Schopenhauer

Tudo aquilo em que se acredita existe, e apenas isso.

Si la pauvreté est la mère des crimes, le défaut d'esprit en est le père. — La Bruyère
Se a pobreza é a mãe dos crimes, a falta de intelecto é seu pai.

Cinco destinos conduzem o homem: sua natureza espiritual, seu corpo, seu povo, sua pátria, a língua: elevar-se acima de todos é o divino.

Toda forte impressão traz liberdade e união; por isso, nossas impressões nos formam.

De nada adianta o indivíduo fazer-se de modesto no campo intelectual; todo o mundo contemporâneo e todo o passado nele incluído são exatamente o espaço de que ele necessita para existir de maneira plena.

Toda experiência vivida tem um sabor estranho e repugnante como água salobra: morte e vida misturadas.

Apenas o oprimido compreende o que é espírito.

A magia é uma sabedoria que se tornou prática. Também a sabedoria inconsciente pode tornar-se prática. (Normalmente se percebe apenas a pragmatização da inteligência.)

A composição é algo necessário a tudo o que é superior. O homem superior é a união de vários homens; para ser produzida, a obra poética superior requer vários poetas em um.

Em nossos pensamentos, a vontade tem uma parte muito maior do que a inteligência.

[...] assim como o sublime é facilmente produzido pelo crepúsculo e pela noite, quando as formas se unem, de modo oposto é afugentado pelo dia, que tudo aparta e separa; destarte, também é necessariamente aniquilado por toda formação crescente, quando não tem a felicidade de refugiar-se na beleza e unir-se intimamente a ela, o que torna ambos igualmente imortais e indestrutíveis.
Goethe

Devemos adorar Deus porque ele só pode ser adorado no espírito, isto é, no fundamento mais íntimo do ser humano.
J. B. van Helmont

Pouco importa a razão pela qual algo passa do não ser para o ser; nesse movimento, uma criação poética sempre tem lugar.
Platão

Uma ação ou acontecimento individual é interessante não porque é explicável ou provável, mas porque é verdadeira.
Goethe

A possibilidade de fazer certas perguntas profundas poderia formar-se em nós pelo pressentimento de que talvez fossem respondidas por meio de encontros, ou melhor, da antecipação de encontros.

Lessing — Quantas forças poderia haver, de cuja existência nem sequer desconfiamos, pois não há relação entre as ideias que alcançamos por meio de nossos cinco sentidos e aquelas que poderíamos alcançar por meio de outros sentidos.

O mundo quer arrancar cada um de si mesmo e reconduzi-lo a si.

Saber é pouco; saber no contexto correto é muito, saber no ponto correto é tudo.

Flaubert — *La bêtise n'est pas d'un côté et l'esprit de l'autre. C'est comme le vice et la vertu; malin qui les distingue.*
A estupidez não está de um lado e a inteligência de outro. É como o vício e a virtude; astuto quem os distingue.

Lessing — Deus nos dá a alma; mas o gênio temos de obter por meio da educação. Um jovem, cujas forças anímicas sejam desenvolvidas e ampliadas com a máxima constância possível em circunstâncias semelhantes; que seja habituado a comparar tudo o que ele acrescenta diariamente a seu pequeno conhecimento com o que ele já sabia no dia anterior;

ao qual se ensina a elevar-se com igual facilidade do particular ao geral e a descer do geral ao particular: esse jovem se tornará um gênio, ou não se pode tornar-se nada no mundo.

Um homem para mim vale mais que trinta mil, porém a multidão inumerável em minha opinião não vale um homem.* Heráclito

Nem sempre os homens te compreenderão; e os que afirmam estar mais próximos de ti são os que mais te renegarão; vejo-os no futuro, exclamando: «Apedrejai-o!». Agora que teu próprio entusiasmo se aconchega a ti e te protege, a vulgaridade não ousa aproximar-se. Bettina a Goethe

O espírito desenvolve sua maior força corpo a corpo com o sensível.

Quem apreende a máxima irrealidade moldará a máxima realidade.

---

* Tradução extraída de: LAÊRTIOS, Diôgenes. *Vidas e doutrinas dos filósofos ilustres*. 2. ed. Brasília, Editora Universidade de Brasília, 1977. pp. 254-5.

Deve haver uma estrela, na qual o que se passou há um ano é presente; outra, na qual o que se passou há um século; outra, no tempo das Cruzadas, e assim por diante, em uma cadeia ininterrupta; assim, diante dos olhos da eternidade, tudo se encontra lado a lado, como as flores em um jardim.

O espírito vence a matéria. A arma mais potente da matéria nessa luta é sua própria efemeridade.

Nada há de essencial no interior que não seja percebido ao mesmo tempo no exterior.

Toda ideia é gerada por meio de seu contrário: a realeza na necessidade, seja Frederico II, seja Luís XVI; agora, o poder do espírito por meio do predomínio da matéria militar, técnica e econômica.

Pode-se carregar dentro de si um sentimento obtuso ou sutil do tempo, bem como um sentimento eficaz ou insuficiente do espaço.

É preciso superar o sentimento do presente, assim como na música superamos a percepção do timbre dos instrumentos.

Uma grande nação sempre produz novos poetas e pensadores que representam sua essência espiritual, mas a maioria deles é objeto dessa vida espiritual; apenas muito poucos são sujeitos dela.

Uma coisa é algo explicável que não se consegue interpretar.

Tanto o erudito desprovido de engenho quanto aquele engenhoso são perigosos: o primeiro aumenta o peso da matéria no mundo com o pretexto da ação espiritual; o segundo sacrifica facilmente o superior ao inferior.

Se penso em mim mesmo e em qualquer outra coisa — mesmo que seja o mapa da Grécia —, é como se estivesse olhando para dentro de mim através de uma janela.

A imaginação forte é conservadora.

Ao longo da vida, especialmente na esfera do relacionamento espiritual, temos o mau hábito de emprestar aos outros muito do que nos é próprio, como se assim tivesse de ser. Como eles também nos mostram sua peculiaridade, quando tentamos criar uma unidade a partir das duas partes surgem verdadeiros monstros, semelhantes aos que são produzidos em uma casa angulosa pelo brilho de um lampião, metade com sombras, metade com objetos reais. Não existe operação mais útil e, ao mesmo tempo, mais difícil do que retirar da aparência do outro o que lhe foi emprestado de maneira inconsciente. Porém, somente ao fazer isso podemos torná-los homens compreensíveis ou, para dizê-lo brevemente: o homem crê que compreende os outros homens quando acrescenta a uma suposta e ilimitada analogia consigo mesmo algo que contradiga esse si mesmo. É uma questão de experiência conseguir lidar com homens que imaginamos essencialmente diferentes de nós mesmos.

Pascal *Rien n'est simple de ce qui s'offre à l'âme, et l'âme ne s'offre jamais simple à aucun sujet.*
Nada do que se oferece à alma é simples, e a alma nunca se oferece de maneira simples em nenhuma questão.

Amadurecer significa separar mais nitidamente e unir mais intimamente.

Talvez a verdadeira desgraça produzida pelos falsos conceitos seja o estranhíssimo contato entre o real e o irreal.

O homem medíocre faz uma pausa muito breve após um pensamento correto; eis a razão para as muitas meias-verdades no mundo.

«Reflexão não espiritualizada» é uma expressão perfeita, usada nas conversas para designar o estado de espírito atual, tal como ele aparece em inúmeras brochuras e livros efêmeros.

Os embriões têm o contorno de gigantes, mas não a força.

A filosofia é a juíza de uma época; a situação é crítica quando, em vez de sua juíza, é sua expressão. — Rudolf Pannwitz

O que é cultura? Saber o que interessa a alguém e saber o que interessa a alguém saber.

Toute débauche parfaite a besoin d'un parfait loisir. — Baudelaire
Toda devassidão perfeita requer um ócio perfeito.

Deve-se permitir que cada um se ocupe de sua própria pessoa espiritual quando uma curiosidade real gerar o impulso para tanto.

Observar o estranho impede a estranheza; reconhecer o familiar impossibilita a familiaridade.

Se compararmos a concepção de Wieland sobre a Antiguidade com a de Nietzsche, bem como a de Winckelmann com a de Jakob Burckhardt, reconheceremos que, talvez mais do que as outras nações, tratamos a Antiguidade como um espelho mágico, do qual esperamos obter nossa própria imagem com uma aparência desconhecida e mais depurada.

O passado foi incorporado à nossa memória para que pudéssemos superestimá-lo.

Reconhece o presente onde ele adquire forma para ti.

Goethe

Sobre Oeser. — Suas obras sempre levaram à reflexão e se completaram graças a um conceito, uma vez que não poderiam existir de acordo com a arte e a realização.

O que no rosto humano interroga é espírito; as afirmações são afirmações da matéria.

Assim sentimos, assim desejamos ser sentidos.

Naquilo que é espiritualizado ao máximo ainda há a ingenuidade, a corporeidade irracional que permite ao espiritual perdurar.

Assim como os míopes veem apenas o caminho que têm diante dos olhos, mas não por onde ele prossegue além do declive do vale, de nossos pensamentos enxergamos apenas o trecho mais próximo.

Por si só, o fato de a boca beijar, comer e falar deveria levar quem se atêm ao tangível a concluir que estamos inteiramente diante do incompreensível.

Se pudéssemos saber quantas massas homogêneas (incluindo a matéria elétrica e a magnética) o mundo material contém, também poderíamos saber quantos sentidos seriam possíveis.

Lessing

Quanto mais o erudito ou pensador se aproxima do artista, porém sem alcançá-lo, tanto mais será um fenômeno questionável.

O tipo mais perigoso de estupidez é a inteligência aguçada.

<small>Grillparzer</small> O homem compreende tudo, menos o que é inteiramente simples.

Apenas em meio ao inexistente há semelhanças, em meio à inumanidade dos homens etc. — o que existe é sempre único.

O espírito é a realidade superada. O que se ausenta da realidade não é espírito.

As ideias repentinas são verdadeiros produtos do momento criativo e se assemelham a ele, seu pai, quanto ao semblante e à figura; aliás, perpetuam sua lembrança, que desapareceu por completo.

<small>Vauvenargues</small> *La ressource de ceux qui n'imaginent pas est de toujours conter.*
O recurso daqueles que não têm imaginação é sempre a narração.

<small>William Blake</small> O conhecimento geral é um conhecimento distante; tal como a felicidade, o saber consiste em detalhes. Apenas quem penetra com a máxima precisão nas

maneiras, nas intenções e no caráter, com todas as suas ramificações, e sabe distingui-los é sábio e sensato, e nessa distinção está fundamentada toda a arte.

Os bons pensamentos também devem poder ser vistos por detrás. Novalis

Perspectivismo: o uso que fazemos das verdades de outros tempos é um uso impróprio que encontra seu análogo na matemática pós-cartesiana.

Para se poder enxergar é preciso tirar dos olhos a areia que neles o presente constantemente espalha.

De certo modo, Kant, Fichte e Hegel são a expressão de um mundo burguês desequilibrado.

Não conhecer muitas coisas, mas colocá-las em contato é um estágio prévio da criação.

Quando expressamos algo que resume a realidade, nós a aproximamos do sonho, ou melhor, da poesia.

A plenitude da existência humana é construída a partir de puros vazios.

Os melhores momentos são aqueles nos quais o indivíduo tem clareza de sua situação na existência; esse sentimento pode intensificar-se até atingir um caráter mágico, e é desprovido de todo egoísmo, de toda ambição.

O homem inteligente precisa de uma vida inteira para decompor-se em seus elementos; o gênio constrói com eles um novo mundo.

Maravilhosa é a transição no pensamento que nos permite contemplar quase com alegria o que individualmente nos assusta.

Os acontecimentos são ondas que ameaçam o espírito, mas também o carregam.

O que é a liberdade interior? Reconhecer nos detalhes ao mesmo tempo o geral e o necessário.

De la Haye, *Vita di S. Antonio* [Vida de Santo Antônio]

Ao ver que seu fim estava próximo, quando um dos irmãos lhe trouxe a extrema-unção, Santo Antônio de Pádua disse sorrindo: «Já estou ungido internamente.»

A fé, tal como a incredulidade, tem um único objeto. Ambas estão voltadas para o todo.

Serpens nisi serpentem comederit non fit draco.
Se a serpente não come a serpente, não se torna dragão.

Sentir-se, enquanto matéria, chamado a algo mais elevado é a última coisa que resta ao ser humano quando reprova a si mesmo.

A profundidade deve ser escondida. Onde? Na superfície.

O mundo tolera os vis, mas apenas o homem extraordinário o satisfaz. Os que se encontram no meio têm uma situação difícil e facilmente sentem a consciência pesar.

As almas simples, e não as complexas, são difíceis de entender.

Nossos preconceitos mais perigosos reinam dentro de nós contra nós mesmos. A criatividade está em desfazê-los.

A realidade está sempre igualmente próxima.

O adversário mais perigoso da força é a fraqueza.

É necessária uma vida inteira para reconhecer o quanto as coisas se comportam como coisas — objetivamente — e o quanto os homens se comportam como humanos — subjetivamente.

Kant teve uma enorme influência sobre gerações inteiras não com o imperativo categórico, que sempre se tem na ponta da língua, mas com o criticismo, no qual o caráter insociável e sem mundo (*weltlos*) dos alemães encontrou sua expressão abstrata.

As formas vivificam e matam.

Isso também faz parte da liberdade interna; o adolescente em nós deve ser suplantado pelo homem, o homem pelo ancião, a virgem pela mulher madura: existe apenas um sacerdote no santuário.

Rudolf Pannwitz

O que vive flui, mas o que flui não é a forma da vida.

Para reconhecer as diferenças entre nós e os outros também é necessário um momento sublime.

Existe um entusiasmo proveniente da fraqueza e outro proveniente da força; o primeiro é próximo do sentimentalismo, o outro é seu oposto.

O caminho do excesso conduz ao palácio da sabedoria.

<small>William Blake</small>

A vontade firme é a intenção; quem possui uma vontade forte tem êxito em seus esforços. No entanto, forte é a vontade daquele que, ao ser perguntado: «Quem ainda pode esperar estar desperto após ter sido martirizado em um inferno por quatro incomensuráveis épocas e cem mil eras?!», é capaz de responder: «Eu!»

<small>Sarasangaho de Sidahatto, século XII</small>

Quem não se recorda do bem não espera.

<small>Goethe</small>

Mesmo no sofrimento, no momento de desespero, aquele que crê estará verdadeiramente em seu lugar.

Se o amor tem uma «finalidade», esta deveria ser, em termos transcendentais, a de que em sua brasa o homem, constantemente desintegrado em suas partes mais íntimas, seja fundido em uma unidade.

Aquele que entrou no templo da cultura se diferencia daquele que permanece no átrio pelo fato de que, para ele, a riqueza do moralmente possível se apresenta internamente em figuras, não em conceitos.

Sede prudentes em seis casos: ao falardes, dizei a verdade; ao prometerdes algo, mantende a palavra; pagai vossas dívidas; sede castos nos pensamentos e nas obras; evitai toda violência; e fugi de todo mal.

Calar o máximo possível e, não obstante, permanecer sereno.

<small>Maomé</small>   Indigno do fiel é todo palavrório vazio.

Onde a vontade apenas desperta, alguma coisa já foi quase alcançada.

Uma pluma pode tornar uma pedra, desde que conduzida pela mão do amor.

<small>Novalis</small>   De todos os venenos, a alma é o mais forte.

A dor é de espécie distinta conforme a vontade de aceitá-la. Há uma sensibilidade à dor para cima e para baixo.

Criação e representação são coisas opostas, embora geralmente estejam ligadas; sua verdadeira unidade se dá apenas no culto.

Rudolf Pannwitz

A cerimônia é a obra espiritual do corpo.

Apenas com a fé a vida se torna vida, mesmo em seus membros mais delicados.

Uma obra de arte é uma ação complicada e ampla, por meio da qual um caráter se torna reconhecível.

Mesmo na arte, o belo não é concebível sem o pudor.

O espírito pode ser harmonioso, e o corpo, sem deformidades — e ainda assim faltar ao corpo certo espírito.

Vinho velho é mais do que um ancião e recupera o aroma que pairava sobre ele quando era menos do que uma criança: ainda não nascido.

O presente impõe formas. A criatividade consiste em superar esse círculo mágico e adquirir outras formas.

Dentro do limite mais estreito, da tarefa mais particular, há mais liberdade do que no não lugar (*Unort*) sem fronteiras que a sensibilidade moderna imagina como palco dessa liberdade.

Os intelectuais alemães nascem com dificuldade e tarde para a vida real; depois, passam por outro nascimento, no qual muitos morrem.

<small>Inscrição suíça</small>
Hic libertatem nostri posuere parentes.
Aqui nossos pais fundaram a liberdade.

<small>Jakob Burckhardt</small>
O grande Estado existe na história para a obtenção de grandes finalidades externas; para a manutenção e a garantia de certas culturas, que do contrário pereceriam; para o avanço de partes passivas da população, que, deixadas a si mesmas como pequeno Estado, definhariam; para a formação de grandes forças coletivas.

<small>Jakob Burckhardt</small>
No que se refere ao Estado internamente, ele não surgiu com a abdicação dos egoísmos individuais,

mas é essa própria abdicação, é a conciliação desses egoísmos, de modo que o maior número possível de interesses e egoísmos nele sempre encontram proveito para finalmente entrelaçarem toda a sua existência com a do Estado.

Um pensamento ao qual dificilmente se chega, mas que constitui a chave para muitas coisas, é o seguinte: em toda época, sob a máscara de uma força excepcional, sempre se esconde uma fraqueza peculiar.

A humanidade alcança novas criações com indizível dificuldade; por isso, conserva as formas desenvolvidas como uma herança sagrada. Por essa razão, César uniu-se deliberadamente a Sérvio Túlio, assim como mais tarde Carlos Magno uniu-se a este, e Napoleão pelo menos tentou unir-se a Carlos Magno. — Theodor Mommsen

À verdade só é concedido um breve triunfo entre os dois longos períodos em que ela é condenada como paradoxal e menosprezada como trivial. — Schopenhauer

Se agora os alemães quiserem incluir o espiritual na política, terão de aprender sobretudo a separar nitidamente dois conceitos; um deles se refere ao que é mais próximo, e o outro, ao que é mais elevado: a meta e o objetivo.

Uma época expressaria seu desespero quando lhe parecesse que não valeria mais a pena ocupar-se do passado.

Na atual confusão espiritual circulam elementos de toda insensatez alemã desde o século XVI.

Um dos destinos mais felizes de um povo é ter no centro de sua existência uma única grande força natural que exerça ritmicamente seu domínio. Para os antigos egípcios, essa força era o Nilo. Eles recebiam a bênção e o pão, a jurisprudência e o ritmo da vida de uma mão indulgente. Por isso eram tão serenos e sérios como ninguém mais depois deles, e superavam a morte e a vida, uma por meio da outra.

A violação da natureza é um forte ingrediente de nossa civilização há um século.

Quem convive com os camponeses foge do presente. O camponês e o presente se encontram em uma eterna luta saudável, e sobre a natureza e as estrelas paira um tempo imperecível, que nada sabe do insípido presente.

A mística nacional é o reflexo do eu, transferido a um totem.

Sabe-se tão pouco e tão vagamente do povo ao qual se pertence quanto do próprio corpo.

De tempos em tempos, o povo pratica uma espécie de ostracismo quando torna objeto de acusação certos estamentos e classes; porém, com isso indica uma verdade superior: apenas a totalidade do produtivo constitui o povo.

Les institutions périssent par leur victoire.   Montesquieu
As instituições perecem por sua vitória.

Em última instância, toda política nacional conduz a um elemento incomunicável, ao idiotismo, no sentido primordial do termo.

> Joseph de Maistre
>
> *Pierre le Grand a marié la Russie à l'Europe, de là votre malheur, dont voici le gémissement éternel: Nec sine te nec tecum vivere possum.*
>
> Pedro, o Grande, casou a Rússia com a Europa; eis a razão de vossa infelicidade, expressa por este eterno lamento: «Não posso viver sem ti nem contigo.»

O prazer de conhecer tempos passados tem um complemento mais sensorial do que poderíamos imaginar, como ocorre com as viagens.

Os povos falam línguas tão diferentes que não podem ofender-se nem se satisfazer reciprocamente.

O que aproxima os povos é o que eles têm de menos, e isso é refletido por um espelho deformador.

Com um pequeno capital, os gregos fazem o máximo; com um capital gigantesco, os alemães fazem o mínimo.

O antropocêntrico também é uma espécie de chauvinismo.

A perspicácia dos franceses é um modo surpreendente e agradável de exprimir uma verdade com precisão. O alemão se engana muito ao supor e afirmar que os franceses dão a perspicácia no lugar da verdade e que sob a perspicácia esconde-se a inverdade ou nada. Assim deve ser entendido Voltaire em suas anedotas sobre Deus e a Igreja; assim deve ser compreendida a resposta de Rodin: o comportamento dos bárbaros alemães em relação à catedral de Reims não é diferente daquele que os restauradores franceses apresentaram durante anos em relação a todas as catedrais da França.

É fácil perceber à primeira vista a tolice grosseira de uma época anterior em documentos antigos, que antes serviam ao «tempo», veneravam-no e nele se regalavam; e uma repentina repugnância nos faz desviar novamente o olhar. Mas como nos sentimos quando a trave é repentinamente retirada de nossos olhos, que aos poucos passam a enxergar o vaivém do presente, e vemos em vigor a mesma insipidez incompreensível, a nulidade ridícula, a desorientação indizível e até mesmo a perfeita identidade de nossos filisteus intelectuais com os grosseirões de antes da Revolução de março de 1848 ou com aqueles cultos e incultos do século XVIII? Tudo isso

Após a leitura de um necrológio

parece cercar-nos como água parada e nauseante, um pântano imortal que nenhum homem jamais será capaz de secar!

Os alemães se orgulham muito da profundidade, que é apenas uma palavra diferente para designar a forma não realizada. Em sua opinião, a natureza deveria deixar-nos vagar sem pele, como abismos e redemoinhos ambulantes.

O filósofo — para usar a palavra em seu sentido antigo e naquele do século XVIII — tem uma boa posição tanto em uma época grandiosa quanto em outra miserável: em ambas se destacará. Porém, uma época que anule a si mesma, anulará também a ele.

As épocas se sucedem. O que para uma foi uma conquista, para a outra foi uma insípida evidência. Quem não compreende sua época sai perdedor.

Goethe   A maior necessidade de um Estado é um governo corajoso.

O vencedor moral é o que mais facilmente se entrega a uma vitória fatal.

Os governos podem enganar uns aos outros, máquinas políticas podem ser aproximadas até uma mandar a outra pelos ares. Não é o que fazem as pátrias, que permanecem tranquilamente lado a lado e se ajudam como famílias. Uma luta sangrenta entre duas pátrias é o pior barbarismo da linguagem humana. *Herder*

Todo povo possui do mundo o quanto é capaz de se apropriar espiritualmente. Os alemães na Idade Média e o Império Romano.

No que se refere ao Estado, a forma do governo tem pouquíssima importância, embora pessoas de instrução mediana pensem diferente. O grande objetivo da arte política deveria ser a duração, uma vez que é muito mais preciosa do que a liberdade. *Maquiavel*

Talvez os italianos modernos tenham mais dificuldade do que os alemães para se sentirem em seu íntimo verdadeiramente como nação; eles ainda não chegaram ao ponto em que conseguem reconhecer de modo geral a problemática de sua existência nacional; para tanto, é necessária uma reflexão mais profunda do que a que seriam capazes de fazer hoje. Nesse aspecto, o sul da Itália, que sempre foi a pátria do pensamento filosófico, terá um importante papel a desempenhar. Não é por acaso nem de pouca relevância que pensadores desde Tomás de Aquino e Giordano Bruno até Giambattista Vico, Galiani e, por fim, Benedetto Croce venham do sul da península.

No que se refere à nação, predomina a idiossincrasia; cada um acredita conhecer a última palavra sobre a nação, assim como acredita conhecer a última palavra sobre si mesmo. Contudo, se alguém lhe perguntar que palavra seria essa, ele responderia como Santo Agostinho à pergunta sobre a essência do tempo: se não me perguntarem, eu sei; mas se me perguntarem, não sei.

O século XVIII tinha uma verdadeira filosofia popular; em seu lugar, o século XIX colocou uma mixórdia de todos os pensamentos e opiniões concebíveis. Destilar novamente sua parte mais elevada e valiosa para a época parece ser a tarefa a ser assumida pela geração atual.

Em épocas passadas prevalecia a afetação sentimentalista; na atual, prevalece a realista.

A Antiguidade não tem figura mais patética do que Aníbal. Abandonado e traído pelo povo pelo qual atuava, acabou tendo de deixar a seus inimigos mortais a incumbência de retratá-lo por milênios, e mesmo assim se tornou imortal.

En politique les grands créateurs ne sont pas ceux qui conçoivent, ce sont ceux qui exécutent.
Em política, os grandes criadores não são os que concebem, mas os que executam.

Vandal, *L'avènement de Napoléon* [A ascensão de Napoleão]

Ao francês, a vaidade torna a visão mais nítida e o mundo mais inteligível e extraordinário.
O alemão não tem a vaidade à flor da pele, mas um pouco mais além; por isso, com ela modifica as coisas em vez de seu comportamento em relação a elas.

Intuir a onipresença do passado é um sentido alemão, um dom da latente e grande essência alemã.

A política é a arte da convivência em um nível superior.

A política é um entendimento sobre a realidade.

Immermann   Todo resquício de imperador e império me comove onde quer que eu o veja. Esse Estado foi o único a repousar em fundamentos inteiramente espirituais e pacíficos.

Kaunitz   Muitas coisas não são tentadas por parecerem difíceis; muitas coisas só parecem difíceis por não serem tentadas.

Kaunitz   Na política, nada deve ser considerado impossível, uma vez que um homem temerário é capaz de levar a cabo qualquer coisa.

O alemão tem uma enorme objetividade e uma relação muito insuficiente com as coisas.

Toda época tem seu próprio sentimentalismo, seu modo de exacerbar certas camadas da sensibilidade. O sentimentalismo do presente é egoísta e hostil; exagera não os sentimentos do amor, mas o do próprio eu.

Os alemães têm pouco talento para o teatro, mas muita dissimulação; pouca sensibilidade e pouco gosto pela retórica, mas muito exagero; pouca disposição para o social, mas infinitas inibições sociais.

Os franceses estabelecem a vida social, o mundo dos reflexos como a realidade absoluta, da qual ninguém poderia ser absurdo o suficiente para duvidar.

Uma classe que tenha predominado no Estado tem de ser aniquilada e reduzida à mera sombra de si mesma, caso contrário, causará danos.

O Estado é uma aliança das gerações passadas com as sucessivas e vice-versa.

Adam Müller

A grande coerência em sua história é o pedestal de bronze sobre o qual repousa a autoconfiança dos ingleses.

O fato de uma natureza como Wagner, no fundo um homem de teatro do mais elevado estilo, ter podido originar um conflito que dilacerou toda a cultura e ainda hoje não se aplacou mostra um grande lado do espírito alemão: o de que para os alemães, assim como para os gregos, de nada valem as classificações e subdivisões no campo espiritual.

Os elementos são sempre os mesmos — mas então o que nos permite reconhecer o homem de nosso tempo, aquele que, em virtude da época, é nosso contemporâneo? O espírito da época no bom sentido.

Os franceses deram o que têm de mais espiritual no limite entre catolicismo e heresia.

Chegar às costas do sistema financeiro talvez seja o sentido da revolução moral e até religiosa em que parecemos nos encontrar.

<small>Proudhon</small> *Les journaux sont les cimetières des idées.*
Os jornais são os cemitérios das ideias.

É duro lutar com uma sociedade dominante, porém, mais duro é ter de postular uma que não existe.

Talvez seja possível imaginar o que épocas passadas incluíam em seu pensamento, mas não o que excluíam.

Com a pobreza da vida social, a vaidade dos alemães degenerou-se em presunção e sentimentalismo.

Um vienense pronuncia o nome de um pintor estrangeiro como acredita ter ouvido de pessoas instruídas. Ao ver-se entre os compatriotas do pintor, melhora sua pronúncia de acordo com a deles e, ao voltar para Viena, desiste da pronúncia correta, acomodando-se à errônea. Tudo isso, em parte por cortesia, em parte por falta de vontade de superar uma resistência. Um prussiano pronuncia o nome incorretamente. Ao ver-se entre pessoas que o pronunciam da forma correta, percebe a diferença, mas persiste em sua pronúncia e, sempre que a palavra é evocada, lança aos outros um olhar impaciente e talvez até os repreenda e enfatize que o nome deve ser pronunciado tal como é escrito, ou seja, corretamente. Força e fraqueza ao mesmo tempo.

Política é magia. Quem souber invocar os poderes será obedecido.

Acima de tudo, temos de tentar tirar a expressão «ventura» da vida dos povos e substituí-la por outra, mantendo a expressão «desventura».

Jakob Burckhardt

«Ventura» é uma palavra profanada, desgastada pelo uso.

Grillparzer

Se meu tempo quer me contestar,
Deixo tranquilamente que o faça.
Venho de outros tempos,
E a outros espero chegar.

Toda verdadeira obra de arte é o esboço do único templo na terra.

Como fundamento da cultura, Goethe pode substituir toda uma civilização.

Não temos uma literatura moderna. Temos Goethe e alguns apêndices.

O paradoxo da existência literária é o fato de o público presente no tempo ansiar por outro alimento que não o supratemporal.

Toda representação de um ser já é uma indiscrição; expiar esse vício primário por meio de um efeito contrário, que só se pode nomear como religioso, é o sentido de todo esforço maior na arte.

Para aquele que produz não há prova mais séria do que reconhecer se aquilo que o impele e adverte passo a passo é seu verdadeiro gênio ou a voz covarde de suas insuficiências: se, ao adquirir a forma, ele obedece ao que há de mais elevado ou mais baixo nele.

Aos mais elevados produtos poéticos é concedida uma espécie de função religiosa; os poemas simbólicos de Goethe e os romances de Dostoiévski mostram os diversos caminhos pelos quais ela pode ser alcançada.

A pintura transforma o espaço em tempo, e a música, o tempo em espaço.

As pessoas exigem que uma obra poética se dirija a elas, fale com elas, desça ao seu nível. As obras de arte superiores não fazem isso, assim como a natureza não desce ao nível dos homens; ela existe e conduz o homem além de si mesma — quando ele estiver concentrado e pronto.

Goethe diz de seus romances que seu estilo é «uma alusão cortês».

A tarefa da poesia é purificação, estruturação e articulação do conteúdo da vida. Na vida predomina o horrível paradoxo, uma terrível fúria da matéria — como herança, coerção interna, estupidez, maldade, vileza íntima —, enquanto no aspecto espiritual reinam uma distração e uma inacreditável inconsistência. Esse é o estábulo de Áugias, que sempre quer ser limpo e transformado em um templo.

<small>Cézanne</small>

Ce qu'il faut, c'est refaire le Poussin sur nature, tout est là.
É preciso refazer um Poussin real, é disso que se trata.

Querendo ou não, um autor sempre luta com seus contemporâneos. Aprende a sentir todas as resistências da época, porém, enquanto viver, nunca saberá se os pesos que ameaçavam esmagá-lo eram de ferro ou de papel.

<small>Delacroix</small>

Racine était un romantique pour les gens de son temps, pour tous les temps il est classique, c'est à dire parfait.
Racine era um romântico para as pessoas de seu tempo; para todos os tempos, ele é clássico, ou seja, perfeito.

O difícil na vida é que no homem a razão convive com a paixão, e ele tem de conciliá-las em si da melhor maneira possível. Do mesmo modo, na representação poética o difícil é produzir uma bela passagem do passional ao racional.

«Dáfnis e Cloé», traduzido por Courier: há uma clareza admirável nessa representação. Ela é de uma suavidade extrema, toda sombra se torna reflexo. Qual artista ainda seria capaz disso! — Goethe

Por natureza, ninguém é menos psicólogo do que novelista. Considera os personagens como algo geral e a situação como o particular.

Afinidade de formas: o romance de Dostoiévski com a tragédia grega; o cálculo em Kleist e em Poe; a intuição de Novalis a respeito de corpo = espírito com a mesma intuição em Tolstói e Dostoiévski.

Na obra de arte, espírito e forma se autenticam reciprocamente.

O público alemão:
No fundo, totalmente indiferente a toda forma e apenas com uma sede insaciável por conteúdo, — Friedrich Schlegel

mesmo o público refinado não exige do artista nada além de uma interessante individualidade.

<small>Solger</small> Atualmente, quase não há outro meio de agir sobre os homens e, em sentido mais elevado, viver de maneira sociável no mundo a não ser a conversa privada e a reflexão que nela surge.

O que impediu Ibsen de fazer comédias com seus temas foi uma rigidez e uma insociabilidade nórdica e protestante.

<small>Biedermann, *Gespräche mit Goethe* [Conversas com Goethe]</small> Aos 65 anos, Goethe fez um visitante pensar no Apolo do Belvedere, em um pavão e nas ruínas do castelo de Heidelberg, tudo ao mesmo tempo.

O autor célebre vive apenas em uma forma de anonimato diferente da vivida pelo autor de que ninguém fala.

Na realidade, nada ainda foi feito com as produções intelectuais de uma época, excetuadas as mais extraordinárias. Seria preciso começar a fazer algo.

De qualquer ponto, qualquer matéria conduz ao infinito.

O desespero da época atual não é ter perdido a fé na forma?

Le poète est celui qui émeut: il y a deux manières d'émouvoir. Peindre parfaitement des choses capables de donner une très petite quantité d'émotion, alors on la leur fait rendre toute: La Fontaine, peignant la belette ne pouvant sortir du grenier.
Peindre plus ou moins bien une chose capable de donner une très grande quantité d'émotion: Voltaire, peignant la position de Mérope et ce qu'elle fait dans la tragédie de ce nom.
Je crois, si je lisais attentivement (et avec ce sentiment du mauvais et du faux dans les sentiments très exercé en poète) Mérope et la fable du pauvre bûcheron tout chargé de ramée, les quinze premiers vers de cette fable me donneraient beaucoup plus d'émotion que toute la tragédie.

Stendhal

O poeta é aquele que comove: há duas maneiras de comover. Pintar com perfeição coisas capazes de produzir uma pequena quantidade de emoção, fazendo com que elas a exprimam integralmente: La Fontaine, ao pintar a doninha que não consegue sair do celeiro.
Pintar mais ou menos bem uma coisa capaz de dar uma grande quantidade de emoção:

Voltaire, ao pintar a posição de Mérope e o que ela faz na tragédia homônima.

Creio que se eu lesse com atenção (e com aquele senso do que é ruim e falso nos sentimentos, que muito exercitei como poeta) Mérope e a fábula do pobre lenhador, todo carregado de galhos, os quinze primeiros versos dessa fábula me trariam muito mais emoção do que a tragédia inteira.

Goethe A maior consideração que um autor pode ter por seu público é nunca lhe oferecer o que dele se espera, e sim o que ele mesmo, sempre de acordo com o grau de formação própria e alheia, considera correto e útil.

Grillparzer e Hebbel estavam fadados a se desconhecerem de maneira tão intensa porque, estando ambos acima de sua época, adotaram um comportamento oposto em relação a ela. Hebbel, como alemão setentrional, queria dominá-la intelectualmente e conduzi-la à sua realização; Grillparzer, como alemão oriental, queria desvencilhar-se dela. Por fim, Hebbel pareceu a Grillparzer quase como um jornalista, e este, como um diletante a Hebbel.

Tanto na obra quanto nas relações sociais, o artista dará o maior conteúdo quando também der o máximo de forma e nuança.

É preciso tentar seguir o exemplo da natureza, que não conhece elementos intermediários, secundários nem provisórios, mas trata todo objeto como o principal.

O que na representação poética é chamado de «plástico», a configuração propriamente dita, tem suas raízes na justiça.

A qualidade que um literato medíocre menos sabe apreciar em um superior por não a conhecer, ou antes por não ser capaz de intuí-la, é a perseverança, a verdadeira vontade obstinada de alcançar o que é mais elevado.

No diletantismo há o germe de uma corrupção moral.

A principal diferença entre os homens reais e os personagens inventados pelos poetas é que estes fazem de tudo para dar coerência e unidade interna aos personagens, enquanto os seres vivos podem alcançar o máximo da incoerência, uma vez que é a *physis* a mantê-los coesos.

Otto Ludwig

O que para o observador comum já é forma, para o conhecedor ainda é matéria; o verdadeiro prazer da arte surge apenas do aprofundamento que se entrega com amor à obra de arte, da busca por sua forma espiritual, cuja existência o observador comum no máximo intui.

Grillparzer tinha a singular opinião de que um poema redigido em prosa deveria ser chamado apenas de meio poema.

Os escritores psicológicos modernos aprofundam o que deveria ser desconsiderado e tratam superficialmente o que deveria ser aprofundado.

O talento não é desempenho, os membros não são dança.

Maupassant

On peut traduire et indiquer les choses les plus subtiles en appliquant ce vers de Boileau:
«D'un mot mis à sa place enseigna le pouvoir.»
Il n'est point besoin du vocabulaire bizarre, compliqué, nombreux et chinois qu'on nous impose

aujourd'hui sous le nom d'écriture artiste, pour fixer toutes les nuances de la pensée; mais il faut discerner avec une extrême lucidité toutes les modifications de la valeur d'un mot, suivant la place qu'il occupe. Ayons moins de noms, de verbes et d'adjectifs au sens presque insaisissables, mais plus de phrases différentes, diversement construites, ingénieusement coupées, pleines de sonorités et de rythmes savants.

Podem-se traduzir e indicar as coisas mais sutis aplicando-se este verso de Boileau:

«De uma palavra posta em seu lugar ensinou o poder.»

Não é absolutamente necessário um vocabulário estranho, complicado, copioso e ininteligível, que hoje nos é imposto com o nome de escrita artística, para estabelecer todas as nuanças do pensamento; no entanto, é preciso discernir com extrema lucidez todas as modificações do valor de uma palavra, conforme a posição por ela ocupada. Tenhamos menos substantivos, verbos e adjetivos de sentido quase inapreensível, e mais frases diferentes, diversamente construídas, engenhosamente cortadas, repletas de sonoridades e ritmos eruditos.

Moritz Heimann O caráter espiritual de uma obra de arte consiste não em seu tema, mas em seu público-alvo.

No mais alto degrau da arte reina a nudez, o despojamento de si mesmo; seu contrapeso é a máxima seriedade, a completa plenitude. Quando esse estado se interrompe momentaneamente e um olho pisca para fora, reina a impudência.

Müller-Hofmann em conversa Os pintores modernos querem sobretudo atrair, mas ser atraente é justamente o que exclui por completo a grande arte.

É estranho pensar que Goethe não dominava bem o grego e nunca viu com seus próprios olhos uma autêntica escultura grega.

O que torna os aforismos de Novalis tão encantadores é o fato de pintarem com grande profundidade a alma ingênua de um jovem.

Wieland Somente o belo pode
Ser objeto de nosso amor.
A grande arte consiste apenas em separá-lo da matéria.

Elle était pleine de grâce pour se mettre au lit, pour se déshabiller. J'aurais voulu qu'un Albane la vît alors, pour la dessiner.

Napoleão sobre Josephine

Era encantadora ao se deitar na cama, ao se despir. Eu gostaria que um Albani a tivesse visto para desenhá-la.

L'étude du beau est un duel où l'artiste crie de frayeur avant d'être vaincu.

Baudelaire

O estudo do belo é um duelo em que o artista grita de pavor antes de ser vencido.

O que é Hogarth e toda a caricatura senão o triunfo do informe sobre a forma?

Goethe

Não é possível pintar devaneios; o legítimo objeto da fantasia pictórica superior é o corpo humano.

Toda palavra pronunciada supõe um ouvinte; toda palavra escrita, um leitor: criar ambas em conjunto é a parte oculta, porém maior, da atividade do escritor.

O fato de a língua alemã ter uma palavra como *Grazie* oferece a possibilidade de reservar o termo

Anmut* a uma linguagem mais elevada ou rigorosa. De resto, os franceses também têm suas palavras estrangeiras e com elas exprimem muito bem as variações do significado. Por exemplo, *inclination* e *inclinaison*.

Personagens sem ação são paralíticos, ações sem personagens são cegas.

Virada do século XVIII para o XIX. A última vez em que a natureza é vista com o coração: Novalis. A primeira vez em que a economia é vista com os olhos do intelecto: Immermann.

Antigamente, a palavra *Sehnsucht* [nostalgia] era ouvida à farta entre os alemães; há algumas décadas parece ter desaparecido.

Goethe   Toda obra poética que não exagera é verdadeira, e tudo o que causa uma impressão profunda e duradoura não é exagerado.

---

* *Grazie, Anmut*: ambos os termos podem ser traduzidos por «graça».

A verdadeira poesia mantém-se igualmente distante do insensível e do sentimental.

A dificuldade para escrever nos jornais atuais é a de não saber a quem se fala. (Antigamente se conheciam, senão os indivíduos, ao menos o círculo, a classe ou o grupo de acordo com a formação ou o modo de pensar.)

Os filólogos se esquecem de que nós, como disse Goethe, podemos intensificar o julgamento da maneira mais efetiva por meio das produções do presente; aos jornalistas, por sua vez, falta a compreensão de que não existe nada superior para o momento nem pode ser apreendido a partir do momento; tampouco compreendem que, na verdade, a sequência, a gradação e a estrutura são tudo, e o fenômeno isolado não é nada.

Para que algo seja bom, deve ser sempre «imediato», pois o «imediato» é a mais divina de todas as categorias e merece ser honrada, como ocorria na língua dos romanos «ex templo», porque é o ponto de partida do divino na vida; o que não ocorre de maneira imediata provém do mal.

_{Kierkegaard}

No estado atual da literatura, pode-se alcançar mais com a conversa do que com a publicação.

Hoje, talvez as máximas em prosa de Goethe ensinem mais do que todas as universidades alemãs juntas.

Ao exercer as chamadas ocupações intelectuais, como ler e escrever (não escrever cartas, mas escrever como autor), a maioria das pessoas não faz absolutamente o que acredita fazer: pois não melhora sua formação — «ampliar» a formação, como se costuma dizer, é um absurdo horrendo — nem aguça suas ideias, tampouco enriquece a própria experiência; não faz nada além nem mais importante do que os garotos que esgaravatam a margem de um lago, jogam pedras na água turva etc., em suma, ocupam-se de fazer nada.

Nenhuma parte da superfície de uma figura pode ser criada, a não ser a partir do núcleo mais interno.

Os estudiosos da história da literatura fazem um cavalo de batalha de certos elementos externos, mas não percebem o que realmente importava ao artista no caso particular. Racine concentrava toda a sua atenção nas decisões internas; que lhe importariam as cenas coloridas e variadas de Shakespeare? As quatro paredes do aposento de um príncipe, dignas, mas quase nuas, eram exatamente o que ele precisava, até mesmo do ponto de vista simbólico.

Uma obra de arte é uma ação trabalhosa e ampla, que permite reconhecer o caráter do autor.

(...) Profundidade do idioma, que diz ser «vã» a iniciativa à qual é necessariamente negada qualquer eficácia. Ela indica a raiz da vaidade, que é mais profunda do que na esfera social.

Não se nota nas peças de Lessing que ele sempre dormia sem sonhar e era um jogador?

La durée n'est promise qu'à ceux des écrivains capables d'offrir aux successives générations des nourritures, car chaque génération apporte une faim différente.   André Gide
A perenidade só é prometida aos escritores capazes de oferecer algum alimento às sucessivas gerações, pois cada geração carrega uma fome diferente.

Novalis observa que as considerações de Goethe sobre a luz, a transformação das plantas etc. são confirmações de que o discurso didático perfeito também pertence ao âmbito do artista.

O verdadeiro amor pela língua não é possível sem o repúdio a ela.

O narrador comum narra como algo poderia ter acontecido. O bom narrador faz com que algo aconteça diante de nossos olhos como se estivesse presente. O mestre narra como se algo ocorrido há muito tempo estivesse acontecendo de novo.

Flaubert é um autor muito importante. Porém, comparado a Goethe ou Dostoiévski, a ironia aparece como um elemento demasiado preponderante em sua poesia.

Em seu mais alto nível, a prosa francesa é mais sensorial no espiritual e mais espiritual no sensorial do que a alemã em seu nível atual.

O bom gosto é a capacidade de reagir continuamente ao exagero.

Os personagens de Lessing chegam à grosseria na delicadeza; esse é seu lado alemão. Um personagem como Valmont (em *Liaisons dangéreuses*) chega à delicadeza na infâmia; esse é seu lado francês.

Goldoni: mão de poeta, mas vísceras de filisteu.

As pessoas que não escrevem têm uma vantagem: não se comprometem. Goethe

Se eu tivesse de nomear dois livros que, sem pertencerem à alta poesia, apresentam um conteúdo humano realmente inesgotável, citaria *Caractères*, de La Bruyère, e a autobiografia de Goethe. Um terceiro seria *Samuel Johnson*, de Boswell.

Un auteur est un homme qui trouve dans des livres tout ce qui lui trotte par la tête. Antigo prefácio de *Gil Blas*
Um autor é um homem que encontra nos livros tudo o que passa por sua cabeça.

Na primeira fase da vida intelectual de Wieland, considerada ideal, há muito de Hölderlin; na segunda fase, considerada humorística, muito de Jean Paul.

Quando as circunstâncias são arrastadas à força para uma ação com a qual se havia permitido apenas brincar (carta de H. v. Kleist a W. v. Zenge, de 14 de abril de 1805), tem-se a fórmula involuntariamente autocrítica, que se aplica ao próprio comportamento de Kleist e a todos os seus personagens.

Dichten = feindre = to feign.
Escrever poesia = fingir.

<small>Jakob Burckhardt</small>

A descrição atual da vida de poetas e artistas tem uma fonte muito insalubre; melhor seria contentar-se com obras nas quais, por exemplo, Gluck dá a impressão da grandeza e do orgulho tranquilo, e Haydn a da felicidade e da bondade.

Toda dedicação ao descritivo leva ao exagero.

<small>Rudolf Pannwitz</small>

Goethe é ou deveria ser o lugar geométrico dos alemães em relação ao mundo; não um ponto de vista, mas um ponto em relação ao qual outros pontos se tornam figuras.

A fraseologia de «Wilhelm Meister» leva os franceses ao desespero. Acham-na insuportavelmente artificial e rebuscada.

Um livro como a biografia de Winckelmann em dois volumes, escrito por Justi, é peculiar por ser excelente.

Quem vive constantemente em um mundo insensível à língua e que dificilmente se deixa impressionar pela palavra corre mais o risco de ferir os indivíduos com o que diz e de expor-se a mal-entendidos ao falar.

Com Balzac, o espírito francês aproxima-se ao máximo da maneira de pensar e se expressar dos alemães. Na segunda metade de sua vida, Goethe segue a tendência correspondente e inversa.

Atributo do gênio: *de coordonner, d'assembler les rapports, de les voir plus justes et étendus* [coordenar, reunir as relações, vê-las mais justas e extensas].

Delacroix

Dostoiévski é um grande autor, porém a mais completa magia da arte está em Turguêniev.

Em toda expressão da linguagem há uma falta de ingenuidade que compreendemos facilmente, mas que com a mesma facilidade vai embora, como uma névoa; e algo ingênuo, no qual esbarramos, mas como se fosse um corpo vivo.

M. Joubert sobre Le Sage: *On peut dire des romans de Le Sage qu'ils ont l'air d'être écrits dans un café par un joueur de dominos en sortant de la comédie.* Pode-se dizer dos romances de Le Sage que parecem ter sido escritos em um café por um jogador de dominós ao sair do teatro.

O elemento plástico não surge pela observação, mas pela identificação.

Os fragmentos de Novalis podem representar heroicas paisagens mentais nas quais o tempo é vencido.

Um homem será tão mais eloquente quanto mais profunda for a solidão de onde ele vem; inversamente, o homem mais sociável, o anjo da sociabilidade, deveria calar e observar.

Goethe não é a fonte disso ou daquilo em nossa moderna literatura, mas um maciço montanhoso e a nascente de tudo o que nela existe.

O indivíduo pode instruir-se com Goethe, desde que não se perca nele; já com a literatura alemã não é possível instruir-se, apenas se perder.

Nenhuma outra palavra caiu tão em desuso entre os alemães quando o termo «gosto» — quer se trate de utensílios domésticos, quer de roupas. No entanto, os latinos chamam de sábio aquele que sabe apreciar o gosto das coisas.

O pior estilo surge quando o indivíduo imita algo e, ao mesmo tempo, quer dar a entender que se sente superior ao imitado.

«Renovar a paleta» é uma boa expressão na linguagem artística da pintura.

Certains auteurs, parlant de leurs ouvrages, disent: Mon livre, mon commentaire, mon histoire, etc. Ils sentent leurs bourgeois, qui ont pignon sur rue et toujours un «chez moi» à la bouche. Ils feraient mieux de dire: Notre livre, notre commentaire, notre — Pascal *histoire etc. vu que d'ordinaire il y a plus en cela du bien d'autrui, que du leur.*

Ao falarem de suas obras, alguns autores dizem: «Meu livro, meu comentário, minha história» etc. Parecem aqueles burgueses que dispõem de uma boa situação social e financeira e sempre têm na boca a expressão «na minha casa». Fariam melhor se dissessem: «Nosso livro, nosso comentário, nossa história» etc., uma vez que normalmente há nestes mais do bem alheio do que do próprio.

<small>Goethe a Carl August sobre Egmont</small>

Quem se encontra naquele ponto da existência, em torno do qual o poeta gira como em uma brincadeira, não poderá sentir-se satisfeito com as artimanhas da poesia, que oscila do terreno da verdade para o do amor, pois ele sabe mais; tampouco poderá deleitar-se com elas, pois está demasiado próximo para conseguir visualizar o todo.

<small>Voltaire</small>

J'ai toujours reconnu l'esprit des jeunes gens, au détail qu'ils faisaient d'une pièce nouvelle qu'ils venaient d'entendre; et j'ai remarqué que tous ceux qui s'en aquittaient le mieux, ont été ceux qui depuis ont acquis le plus de réputation dans leurs emplois. Tant il est vrai qu'au fond l'esprit des affaires et le véritable esprit des belles lettres et le même.

Sempre reconheci a inteligência dos jovens pelo modo como detalhavam uma peça nova a que acabavam de assistir; e constatei que os que melhor cumpriam essa tarefa foram os que posteriormente adquiriram melhor reputação em seu ofício. Tanto é verdade que, no fundo, o espírito dos negócios e o verdadeiro espírito das belas-letras é o mesmo.

Às vezes os franceses dizem que nos invejam por uma palavra tão significativa e intraduzível como *Sehnsucht* [saudade]; porém, não sabem o quanto entre os alemães modernos esse conceito delicado e flutuante caiu em descrédito por ter sido empregado de maneira abusiva e grosseira.

Mais engenhoso e belo do que a crítica à linguagem seria uma tentativa de desprender-se da língua de uma maneira mágica, como ocorre no amor.

A mistura do descritivo com o entusiástico produz um gênero insuportável.

Os poemas de Hebbel são uma cristalização grandiosa da vida. No conjunto, e não no particular, têm algo da Antiguidade.

O fato de nós, alemães, designarmos o que nos circunda — a «realidade» (*die Wirklichkeit*) — como algo operante (*ein Wirkendes*), enquanto os europeus latinos o designam como «coisidade» (*die Dinglichkeit*), mostra a diversidade fundamental do espírito e que nós e eles estamos em casa neste mundo de maneiras totalmente distintas.

Delacroix
Le premier mérite d'un tableau, c'est d'être une fête pour l'oeil.
O primeiro mérito de um quadro é ser uma festa para os olhos.

A natureza mistura tudo com o segredo da incompreensão: esta ainda predomina entre o produto espiritual e o próprio criador.

Sobre a «Novela» de Goethe: onde se alcançou uma forma elevada, o tema, o assunto propriamente dito, parece volatilizado ao leitor mediano, quando na verdade é purificado; o leitor entendido em arte sente-se satisfeito tal como o leitor puro e ingênuo.

Nas narrativas ruins, os espíritos são invocados com fórmulas engenhosas e especiais; nos melhores relatos, com os elementos mais simples do discurso, palavras únicas e até mesmo sílabas.

Entre autres choses, ce qui fait le grand peintre c'est la combinaison hardie d'accessoires qui augmente l'impression. Les nuages qui volent dans le même sens que le cavalier emporté par son cheval, les plis de son manteau qui s'enveloppent ou flottent autour des flancs de sa monture. Cette association puissante... car qu'est ce que composer? C'est associer avec puissance. — Delacroix
Entre outras coisas, o que faz o grande pintor é a combinação ousada de acessórios que aumenta a impressão. As nuvens que voam no mesmo sentido do cavaleiro transportado por seu cavalo, as dobras de seu manto que se enrolam ou flutuam em torno dos flancos da sua montaria. Essa poderosa associação... pois, o que é compor? É associar com força.

A regra serve apenas a quem dela pode prescindir, mas corrompe quem com ela acredita ser sábio. Toda regra é um enigma que ajuda a seguir adiante por meio de outros enigmas. — Arnim

August Wilhelm Schlegel — O único elemento poético que reconheço na representação de Bürger é a vida. No entanto, a vida é apenas um elemento da beleza, e não a beleza em si.

Novalis — Por toda parte buscamos o incondicional e por toda parte encontramos apenas coisas.

O fato de empregarmos apenas uma palavra, *Fleisch* [carne], para dois conceitos tão distantes e até mesmo de ordem distinta, enquanto os franceses utilizam ora *chair*, ora *viande*, revela um trabalho insensível da imaginação sensorial.

A importância de ouvir uma palavra em seu emprego próprio e corpóreo, quando estamos acostumados a ouvi-la apenas seu sentido figurado ou meio figurado, é o que se vê na grande impressão que os seguintes versos da *Canção dos Nibelungos* causaram em Goethe:
«Era o grande Siegfried, que saltava da relva,
Uma lança saía de seu coração.»

Ultrapassar alguém, melhor dizendo, pegar um atalho para chegar antes significa antecipar-se;

expor-se às circunstâncias da sorte* vem de *chance* e significa apostar em um jogo temerário.

A alusão é uma forma retórica baixa, que no discurso mais elevado não pode ter lugar, pois este é integralmente uma alusão a algo incomunicável.

Em Gottfried Keller há um uso constante da ironia graciosa que acaba por impacientar.

Podemos saborear a comédia sem um sopro de misticismo?

Entre aqueles cujo destino realmente levou ao teatro, os atores heroicos e trágicos fogem do Eu, e os cômicos fogem do mundo.

L'avilissement des mots est une de ces bizarreries des moeurs, qui pour être expliquée, voudrait des volumes. Ecrivez à un avoué en le qualifiant d'homme de loi, vous l'aurez offensé tout autant que vous offenseriez un négociant en gros de denrées   Balzac

---

* Em alemão, a expressão se traduz por *in die Schanze schlagen* (pôr em risco). O termo *Schanze* seria uma derivação do francês *chance*, por sua vez derivado do latim *cadere* (cair) e *cadentia* (queda dos dados no jogo).

coloniales, a qui vous adresseriez ainsi votre lettre: «Monsieur un tel, épicier.» Un assez grand nombre de gens du monde qui devraient savoir, puisque c'est là toute leur science, ces délicatesses du savoir-vivre, ignorent encore que la qualification d'homme de lettres est la plus cruelle injure qu'on puisse faire à un auteur.

O aviltamento das palavras é uma dessas excentricidades dos costumes que, para ser explicada, precisaria de vários volumes. Escrevei a um advogado qualificando-o de *homem da lei* e o tereis ofendido tanto quanto ofenderíeis um atacadista de gêneros alimentícios coloniais, endereçando-lhe vossa carta da seguinte forma: «Senhor fulano, merceeiro.» Um número bastante elevado de pessoas do mundo que deveriam conhecer essas delicadezas do saber viver, pois nelas está toda a sua ciência, ainda ignora que a qualificação de *homem de letras* é a mais cruel injúria que se pode fazer a um autor.

O mesmo ocorre conosco em relação à designação «jornalista», entre outras.

Uma vantagem da língua francesa é o fato de ela poder formar sem dificuldades o plural de substantivos abstratos referentes aos sentidos: *les fatigues*, *les vides*, *les noirs*.

O dialeto não permite uma língua própria, mas uma própria voz.

O elemento determinante em Hebbel é que ele tinha muito pouco do que os gregos chamavam de ΑίΔΏΣ [pudor]. Para o poeta, isso reside na língua. A relação com a língua é inata. Hebbel e Sófocles, opostos polares.

Claudel sobre o estilo de Baudelaire: «C'est un extraordinaire mélange du style racinien et du style journaliste de son temps.» [É uma extraordinária mistura do estilo raciniano e do estilo jornalístico de sua época.]

É muito significativo que não tenhamos nenhuma palavra para *sobre** em sentido elogioso, uma palavra que, na estética dos franceses, sempre retorna e com a máxima relevância. Curiosamente,

---

* Em francês, sóbrio, comedido.

o alemão não associa a *nüchtern* [sóbrio] nenhum sentido agradável. Em razão dessa pobreza no uso da língua, certamente pôde florescer o excêntrico, o único, como a maravilhosa combinação de palavras *heilig nüchtern* [santo e sóbrio] em Hölderlin.

Apenas quem cria as coisas mais delicadas é capaz de criar as mais fortes.

Böcklin é um Poussin embrutecido e sentimentalizado.

Sem dúvida, a importância de Goethe para a literatura alemã é gigantesca; mas teria ele importância semelhante ou alguma relevância para o povo alemão atual? Quem se atreve a responder? Os franceses são um povo que caminha sob seu cavaleiro espiritual e obedece à suave pressão das rédeas — ou então toma as rédeas com a boca e escapa; o alemão se deixa conduzir pelas rédeas, e não se sabe se na sela há mesmo um cavaleiro.

O gênio produz concordância entre o mundo em que vive e o mundo que nele vive.

As obras de Goethe unem a sociabilidade à solidão.

Em seu grau mais elevado, a poesia aponta para algo em que repousa todo o acontecimento e que é mais secreto do que a causalidade: que Heitor e Aquiles se encontrem apenas naquela luta decisiva, e não antes, é algo que não se pode justificar, apenas apresentar.

Quando apreciamos um poema chinês em uma transcrição inglesa ou alemã, recebemos um conteúdo e sabemos que ele não pode absolutamente ser separado da forma; esse conteúdo chega a nós por intermédio de uma alusão amorfa e distante a uma forma, graças à qual apenas esse conteúdo passa a existir. Portanto, bebemos o reflexo de um vinho, uma vez que levamos aos lábios o reflexo de uma taça. Contudo, se ainda assim nos embriagarmos, não seria esse efeito, que sofremos em circunstâncias tão peculiares e situamos na mais elevada categoria, o mesmo que nos é transmitido pelo órgão religioso?

Observações de Goethe em seus diários, no dia 16 de novembro de 1808, que levariam muito longe. Considerações sobre o reflexo que incide de cima ou de fora na parte inferior e interna da arte poética. Por exemplo: os deuses em Homero são apenas um reflexo dos heróis; o mesmo ocorre, de inúmeras maneiras, com os reflexos antropomórficos nas religiões. Disso surge um mundo duplo, que só é encantador porque também é o amor a formar esse reflexo. E os Nibelungos são tão terríveis porque são um poema sem reflexo, e os heróis existem apenas por e para si mesmos, como seres de bronze.

Os alemães importantes parecem sempre nadar debaixo d'água; apenas Goethe, como um golfinho solitário, desliza sobre a superfície refletora.

O mundo perdeu sua inocência, e sem inocência não se cria nem se desfruta da obra de arte.

<small>Grillparzer</small> O lema de nossos dias é a crítica. Weber é um compositor crítico. A música é a única arte inventada pelos modernos.

Na juventude, achamos singular o que se costuma chamar de «interessante»; na maturidade, o que é bom.

O naturalismo se afasta da natureza porque, para imitar a superfície, tem de negligenciar a riqueza interna das relações, o verdadeiro mistério da natureza.

Em uma obra de arte de ordem superior, tal como em uma estrutura orgânica, o mais maravilhoso não é a forma isolada, mas o aparecimento de uma forma a partir de outra.

Tous les rapports dont le style est composé sont autant de vérités aussi utiles et peut-être plus précieuses pour l'esprit humain que celles qui peuvent faire le fond du sujet. — Buffon
Todas as relações que compõem o estilo são verdades tão úteis e talvez mais preciosas para o espírito humano do que aquelas que podem constituir o tema em si.

Quando espíritos do mais elevado nível, como Goethe e Leonardo, dignam-se a brincar, então, mas somente então, surgem construções como o conto de fadas do lírio e da serpente ou o aposento com as pérgulas entrelaçadas no Castelo de Milão.

A poesia mais pura é como estar totalmente fora de si; a prosa mais perfeita, como voltar totalmente a si.

Talvez a última condição seja ainda mais rara do que a primeira.

Apenas do que parece totalmente claro e palpável pode provir o alto efeito do segredo.

Magníficas palavras de Poussin no final de sua vida: «Je n'ai rien négligé» [Não me descuidei de nada].

Tradução realizada a partir da edição publicada pela Insel-Verlag. Leipzig, 1922. Disponível no site da Österreichische Nationalbibliothek (http://anno.onb.ac.at/cgi-content/anno-buch?aid=300).

Composto em Reserve e GT America
Belo Horizonte, 2022